ELEMENTOS DE TEORIA E IDEOLOGIA DO DIREITO

ELEMENTOS DE TEORIA E IDEOLOGIA DO DIREITO

Giuseppe Lumia

Tradução
DENISE AGOSTINETTI

wmf martinsfontes

SÃO PAULO 2020

Esta obra foi publicada originalmente em italiano com o título
LINEAMENTI DI TEORIA E IDEOLOGIA DEL DIRITTO
por Giuffrè Editore, Milão.

1ª edição *2003*
2ª edição *2020*

Tradução
DENISE AGOSTINETTI

Revisão da tradução
Pier Luigi Cabra
Acompanhamento editorial
Luzia Aparecida dos Santos
Revisões
Solange Martins
Edna Gonçalves Luna
Produção gráfica
Geraldo Alves
Paginação
Studio 3 Desenvolvimento Editorial

Dados Internacionais de Catalogação na Publicação (CIP)
(Câmara Brasileira do Livro, SP, Brasil)

Lumia, Giuseppe.
Elementos de teoria e ideologia do direito / Giuseppe Lumia ; tradução Denise Agostinetti. – 2ª ed. – São Paulo : Editora WMF Martins Fontes, 2020. – (BIblioteca Jurídica WMF)

Título original: Lineamenti di teoria e ideologia del diritto.
Bibliografia.
ISBN 978-85-469-0306-1

1. Direito – Filosofia 2. Direito – Teoria 3. Ideologia I. Título. II. Série.

19-31683 CDU-340.12

Índices para catálogo sistemático:
1. Direito : Filosofia 340.12
2. Filosofia do direito 340.12

Cibele Maria Dias – Bibliografia – CRB-8/9427

Rua Prof. Laerte Ramos de Carvalho, 133 01325-000 São Paulo SP Brasil
Tel. (11) 3293-8150 e-mail: info@wmfmartinsfontes.com.br
http://www.wmfmartinsfontes.com.br

Índice

CAPÍTULO V – A justiça

Este pequeno volume se propõe desenvolver de forma concisa, mas estruturada e – ao menos nas intenções – coerente, os conceitos jurídicos fundamentais, cuja exposição costuma ocupar as primeiras dez ou quinze páginas de qualquer texto institucional de direito – quer se trate de direito civil, penal, processual ou administrativo etc. Em tais textos esses conceitos são tratados quase sempre de modo excessivamente breve e vago e, o que é pior, do ponto de vista restrito a cada matéria. Para quem se prepara para o estudo das disciplinas jurídicas isso acarreta uma compreensível desorientação que, confrontando noções gerais mais ou menos comuns a todos os ramos do direito, resulta em verdadeira confusão conceitual. Se em alguma medida for útil para pôr em ordem tais noções, este livro terá alcançado seu objetivo.

A sua destinação puramente propedêutica e didática faz com que este livro vise mais a ordem e a clareza da exposição do que a originalidade, principalmente se essa for um fim em si e beirar a extravagância. As brevíssimas notas bibliográficas colocadas ao fim de cada capítulo – rigorosamente limitadas a obras em língua italiana – têm por objetivo fornecer algumas indicações básicas para o estudante que deseje aprofundar seus conhecimentos sobre alguns assuntos tratados no texto. A insistente recorrência dos mesmos nomes no texto é infeliz indício do pouco êxito que, em suma, têm entre nós os estudos de *jurisprudence*.

Palermo, outubro de 1972.
G.L.

Introdução

Ciências jurídicas e filosofia do direito

SUMÁRIO: 1. A experiência jurídica. – 2. A jurisprudência. – 3. A sociologia do direito. – 4. A teoria da justiça. – 5. A história do direito, a ciência do direito comparado e a etnologia jurídica. – 6. A filosofia do direito. – 7. A política do direito. – *Nota bibliográfica.*

1. A experiência jurídica

Existem setores da experiência cuja significação se extrai por referência a certas regras de conduta: não se compreende, por exemplo, que sentido têm os deslocamentos (ou "movimentos") que os dois jogadores fazem das peças de um tabuleiro, se não se conhecem as regras do jogo de xadrez e se não se executam tais movimentos em relação àquelas regras. Ora, da totalidade da experiência humana um setor importante se distingue, e se destaca, pelo fato de extrair sua significação daquelas regras particulares de conduta que são as normas jurídicas: esse setor constitui propriamente a experiência jurídica. Nela se confluem e se fundem:

a) a experiência do entrelaçamento real de relações intersubjetivas disciplinadas por certo tipo de regras de comportamento que são as normas jurídicas;

b) essas próprias regras, o modo pelo qual são criadas e se organizam em sistemas normativos mais ou menos complexos e estruturados;

c) a atitude de aprovação ou de desaprovação que assumimos diante de tais regras, segundo as consideremos ou não conformes à idéia que temos sobre o melhor modo pelo qual essas relações deveriam ser reguladas.

No primeiro aspecto, a experiência jurídica se nos apresenta como uma realidade social; no segundo, como um ordenamento normativo; no terceiro, como um sistema de valores. São essas as três dimensões fundamentais tradicionalmente atribuídas à experiência jurídica pela chamada "teoria tridimensional do direito". Essa teoria pode ser aceita na medida em que nos fornece um esquema útil de interpretação e de organização conceitual da experiência jurídica, e com a advertência de que não se trata de realidades ontologicamente separadas, mas de três aspectos gnoseologicamente distinguíveis de uma mesma realidade.

A multiplicidade dos aspectos que o fenômeno jurídico apresenta ao observador explica por que ele não constitui objeto de estudo por parte de uma única disciplina e por que, conseqüentemente, não existe uma única ciência jurídica, mas uma pluralidade de ciências que têm por objeto o direito, cada qual atenta a dele colher um aspecto particular, ainda que o nome "ciência jurídica" seja atribuído, habitualmente e por antonomásia, a apenas uma dessas ciências, a jurisprudência, em razão da proeminência que desfrutou no curso da história. Mas, além de ser objeto de análise científica, a experiência jurídica é tema de reflexão filosófica; por isso, para além das ciências jurídicas se coloca a filosofia do direito, cujos métodos e assuntos são distintos dos das primeiras. A filosofia do direito, também, examina o fenômeno jurídico em cada uma de suas dimensões, dando lugar a pesquisas separadas. Por aproximação, e não sem algum esforço ditado pela necessidade de clareza, podemos dizer que os três aspectos da experiência jurídica – fato, norma e valor – constituem objeto de análise científica por parte, respectivamente, da sociologia do direito, da jurisprudência e da teoria da justiça, além de ser tema de reflexão filosófica por parte, respectivamente, da filosofia da história, da epistemologia do direito e da axiologia jurídica. Ocupam um lugar à parte, como veremos, a história do direito, a ciência do direito comparado e a etnologia jurídica.

Nesta introdução faremos uma breve apresentação das disciplinas acima mencionadas. Em seguida, no primeiro capítulo, nos ocuparemos do direito como realidade social;

nos três capítulos seguintes trataremos do direito como ordenamento normativo relacional e discorreremos, no último capítulo, sobre o direito como sistema de valores.

2. A jurisprudência

A experiência jurídica, no seu aspecto normativo (que trataremos aqui antes do aspecto factual por comodidade de exposição), constitui o objeto de estudo da jurisprudência ou ciência do direito *tout court*. Convém observar que o termo "jurisprudência" é usado na nossa língua (e em outras) com dois significados: na sua acepção teórica é sinônimo de "ciência jurídica" (e com esse significado é usado, por exemplo, na expressão "faculdade de jurisprudência"); na sua acepção operacional é entendido como um conjunto de decisões judiciais (e com esse significado é utilizado nas expressões "repertório de jurisprudência" ou "jurisprudência da cassação").

A ciência do direito (ou jurisprudência) compreende a teoria geral do direito e a dogmática: a teoria geral do direito estuda as normas consideradas na sua estrutura, ou seja, nos seus aspectos puramente formais; a dogmática jurídica estuda as normas nos seus conteúdos.

A teoria geral do direito é concebida de diferentes maneiras, conforme o significado atribuído ao adjetivo "geral". De fato, pode-se entender "geral" no sentido de "universal", ou seja, comum aos indivíduos de uma determinada classe e, nesse sentido, "geral" contrapõe-se a "particular"; mas pode-se entender o adjetivo "geral" em contraposição a "especial", isto é, na qual um *genus* se contrapõe a diferentes *species* que nele se reúnem. Se "geral" é entendido em contraposição a "particular", a teoria geral do direito é a disciplina que estuda os princípios comuns aos ordenamentos jurídicos específicos próprios das várias comunidades estatais: e é o caminho seguido por John Austin, no que ele chamou de "jurisprudência analítica" (em sentido ainda diferente daquele que hoje se atribui a essa expressão e do qual se falará mais adiante). Se, no entanto, "geral" é entendido em contraposição a "especial", a teoria geral do direito é a disciplina que estuda os princípios comuns aos diversos ramos de um ordenamento jurídico determinado (por exemplo, ao direito civil, ao direito penal, ao direito constitucional etc.): Adolf Merkel segue essa direção, ao traçar as linhas do que ele chamou, num primeiro momento, de "enciclopédia jurídica", nome que se difundiu também entre nós graças a uma bem-sucedida obra de mesmo título, de Francesco Filomusi Guelfi.

É mérito de Norberto Bobbio ter estabelecido rigorosamente, na esteira de Kelsen, o conceito de teoria geral do direito como disciplina científica distinta das disciplinas jurídicas específicas. Bobbio observa que aquelas regras particulares de comportamento que são as normas jurídicas podem ser estudadas em seus aspectos formais ou estruturais, independentemente de seu conteúdo, ou seja, dos comportamentos regulados. O estudo dos aspectos formais das normas jurídicas é pertinente à teoria geral do direito, o estudo dos conteúdos compete às disciplinas jurídicas específicas (direito civil, penal etc.). A primeira propõe problemas de estrutura e responde à pergunta: "como é feito o direito?" As segundas propõem problemas de conteúdo e respondem à pergunta: "o que estatui o direito?" A teoria geral do direito não se distingue das disciplinas jurídicas específicas que, em seu conjunto, constituem a dogmática jurídica pelo maior grau de generalização, mas pela diversidade dos problemas que ela aborda. Pertencem à teoria geral do direito os problemas de estrutura das normas jurídicas (relação entre preceito e sanção, destinatários, figuras de qualificação jurídica, normas primárias e secundárias etc.), do ordenamento jurídico (problemas da unidade, da univocidade e da completude do ordenamento jurídico, das fontes normativas, da hierarquia das normas etc.) e da relação jurídica (sujeitos do direito, situações ativas e passivas, objeto da relação etc.). Por outro lado, são problemas próprios da dogmática aqueles que têm por objeto a interpretação de cada norma e a sua sistematização conceitual.

A dogmática jurídica, à qual pertence, vale repetir, o estudo dos conteúdos normativos, executa duas tarefas: a tarefa exegética e a tarefa sistemática. A tarefa exegética é dirigida ao reconhecimento do significado de cada norma (ou seja, à sua interpretação). A tarefa sistemática consiste:

a) no agrupamento das normas jurídicas com base no objeto que chamamos de institutos (por exemplo, os institutos da família, da propriedade, do contrato etc.); e

b) na elucidação por elas de princípios gerais (por exemplo, o princípio da boa-fé, da justa causa, do *favor rei* etc.).

Ambas as tarefas da dogmática estão sempre presentes no estudo dos ordenamentos jurídicos específicos (os vários ordenamentos jurídicos estatais, o ordenamento internacional, o canônico etc.); todavia, o momento exegético prevalece no estudo dos ordenamentos nos quais a lei escrita se afirmou como fonte normativa predominante e alcançou um estágio avançado de codificação, enquanto o momento sistemático assume uma importância maior no estudo dos ordenamentos (como os anglo-saxônicos e o internacional), nos quais um grande espaço é destinado ao direito consuetudinário e ao judiciário, não se desenvolvendo o fenômeno da codificação.

É interessante notar que a dogmática jurídica, como aliás o próprio nome sugere, apresenta semelhanças significativas com a teologia. De fato, ela tem em comum com a teologia o estar a serviço de uma "escrita" (no caso da jurisprudência, o texto legislativo) que deve ser estudada para a compreensão exata do seu significado, porém não posta em discussão, mas aceita, exatamente como um "dogma". Diferente da postura dogmática da jurisprudência é, como veremos, a postura crítica da filosofia do direito.

A dogmática jurídica articula-se por setores nas várias disciplinas jurídicas particulares, que costumam ser objeto de ensino separado. Temos, assim, antes de mais nada, a grande dicotomia entre direito privado e direito público (dos quais nos ocuparemos no § 19). Cada um deles, por sua vez, divide-se posteriormente em outras disciplinas. No âmbito do direito privado distinguem-se tradicionalmente o direito civil e o comercial; no âmbito do direito público, o direito constitucional, o direito administrativo, o direito penal, o direito processual, e assim por diante. É de ressaltar que muitas dessas distinções servem mais para atender a meras conveniências didáticas do que para refletir autênticas exigências de autonomia conceitual.

Discutiu-se por um século a respeito da natureza científica da jurisprudência, cujos métodos são emprestados ora das ciências naturais ora das ciências lógico-formais; e indagou-se se, e em que sentido, a jurisprudência era ou não uma ciência normativa.

Quanto ao método, observa-se que aqueles que tomaram por modelo os métodos das ciências empíricas vêem na jurisprudência uma ciência classificatória dos conceitos jurídicos; os que, por sua vez, tomaram por modelo as ciências formais, fazem recair a cientificidade da jurisprudência no rigor dos seus procedimentos dedutivos. Por sua vez, os analistas da linguagem colocam a função científica da jurisprudência no esclarecimento dos elementos semânticos e lógico-sintáticos da linguagem normativa, enquanto aqueles que vêem sobretudo na interpretação o ponto nodal da jurisprudência são induzidos a aproximar seus procedimentos àqueles das ciências históricas. Na verdade, o contraste fundamental, talvez historicamente insuperável, está entre aqueles que pensam que, ao interpretar o texto legislativo, é preciso ater-se rigorosamente aos seus elementos textuais, e aqueles que sustentam, por outro lado, que também devem ser levados em consideração os dados resultantes das condições reais da sociedade: é o tradicional "conflito dos métodos" (*Methodenstreit*) que, já no fim do século passado, deu lugar ao dualismo jurisprudência dos conceitos/jurisprudência dos interesses e que, hoje, é retomado na contraposição entre jurisprudência analítica e jurisprudência sociológica. O contraste denuncia uma matriz ideológica: a jurisprudência analítica encontra, de fato, seus defensores naqueles que vêem no ordenamento normativo vigente um instrumento de conservação das estruturas sociais existentes, enquanto a jurisprudência sociológica recruta seus partidários entre aqueles que estão mais atentos aos fenômenos de mudança social e mais propensos a adaptar a norma vigente às exigências resultantes das evoluções da sociedade. Não é de pouco significado que a jurisprudência analítica predomine nos períodos de relativa estabilidade política, enquanto a jurisprudência sociológica encontra maior acolhida em tempos de rápidas transformações sociais.

Quanto à função, indaga-se se a jurisprudência tem uma tarefa descritiva ou prescritiva. Não resta dúvida de que a tarefa de todas as ciências jurídicas, justamente por serem ciências, seja uma tarefa descritiva. A jurisprudência possui caracteres de objetividade e avaliabilidade comuns a toda indagação que busque alçar-se à categoria de ciência: objetividade, no sentido de que se deva chegar aos seus resultados mediante procedimentos controláveis intersubjetivamente; avaliabilidade, no sentido de que o jurista, enquanto cientista, deve descrever o direito como ele é e como vige efetivamente em uma coletividade determinada, e não prescrever o que o direito deveria ou não ser com base em juízos de valor específicos. Quando se fala da jurisprudência como uma ciência normativa, a expressão é compreendida no sentido de que ela tem por objeto (ou seja, estuda) normas, e no sentido de que faz (ou seja, cria) normas. Todavia, isso não impede, particularmente no caso em que o texto normativo apresente ambigüidades e admita interpretações alternativas, que a interpretação indicada pelo jurista como a mais correta acabe por se transformar, na prática, em uma proposta destinada a influir em maior ou menor grau nas escolhas do operador do direito. Convém não esquecer também que, no campo das ciências humanas e, principalmente, no do direito – cuja linguagem não é formalizável, cujos procedimentos não são redutíveis a inferências rigorosas e cujos dados não são verificáveis –, objetividade e avaliabilidade não podem ser entendidas de maneira rigorosa, mas como indicações de tendência ou como ideais-limite de uma pesquisa que aspira ser científica.

3. A sociologia do direito

Enquanto a dimensão normativa da experiência jurídica constitui o objeto de estudo da jurisprudência, a sua dimensão factual constitui o tema de indagação da sociologia do direito. Embora, obviamente, desde a antiguidade não tenham faltado observações esporádicas a respeito das relações entre as condições objetivas da sociedade e o direito nela vigente, a sociologia do direito, como estudo científico de tais conexões, só recentemente ingressou e encontrou seu lugar entre as ciências humanas. Ela parte do pressuposto de que o direito é uma variável dependente da sociedade e muda em função da mudança dessa última em cada um de seus aspectos constitutivos, econômicos, políticos e ideológicos (culturais, religiosos etc.): há uma correspondência entre as condições sociais e os sistemas normativos, e essa correspondência é estudada sistematicamente pela sociologia do direito, por meio de métodos adequados de observação e de controle.

Enquanto a teoria geral do direito está atenta em definir a estrutura do direito, a sociologia do direito está interessada em estudar suas funções: a primeira indaga "como é feito o direito?", a segunda questiona "para que serve?" Diante desse problema, as posições teóricas podem ser divididas em dois grandes grupos, dentro dos quais existe uma infinidade de variantes.

O primeiro grupo compreende as posições dos que vêem no direito um instrumento de integração social (Durkheim, Parsons, Luhmann): de acordo com os partidários desse ponto de vista, o direito, destinando a cada qual uma esfera de liberdade protegida contra agressões externas, torna possível a coexistência pacífica e a colaboração organizada dos indivíduos no interior das estruturas sociais. A função do direito é, portanto, uma função essencialmente garantista da área de liceidade dos indivíduos, que se realiza por meio da repressão aos comportamentos que ilicitamente invadem aquela área. A função garantista do direito é predominante nos ordenamentos inspirados na ideologia política do Estado liberal, do Estado, como se disse, "guardião noturno", defensor da segurança e do patrimônio dos cidadãos, mas essa concepção é de todo inadequada em uma sociedade como a atual, que caminha rumo a formas cada vez mais amplas de solidarismo. Tal sociedade requer que o direito exerça também uma função promocional nos setores mais variados da vida pública e privada, da saúde à instrução, da economia ao lazer, e tal função parece destinada a ampliar-se cada vez mais no futuro do que a repressivo-garantista.

As teorias sociológicas pertencentes ao segundo grupo – todas mais ou menos inspiradas na ideologia marxista – pressupõem uma concepção conflituosa da sociedade dividida em classes: em tal sociedade o direito não é instrumento de integração, mas instrumento de luta entre as classes, por meio do qual se realiza a predominância de uma classe sobre as outras, quer se trate da burguesia nos Estados capitalistas, quer do proletariado nos estados socialistas.

Entre um e outro ponto de vista colocam-se aqueles que, partindo de uma visão crítica da sociedade (Dahrendorf), vêem nas estruturas jurídicas de uma sociedade democrática o instrumento não para a eliminação (impossível), mas para a institucionalização do conflito, a fim de que esse se desenrole nos moldes de um confronto civil, excluindo o recurso à violência.

Nesse quadro teórico, as pesquisas empíricas específicas conduzidas pelos sociólogos do direito podem agrupar-se, como nota Treves, em torno de dois temas fundamentais: os que se referem às posturas do público para com as normas, as instituições e os valores jurídicos; e os que se referem aos papéis e, no geral, às funções dos operadores do direito. As indagações do primeiro tipo dizem respeito, por exemplo, no campo do direito de família, a questões sobre casamentos, divórcios, adoções; no campo do direito do trabalho, ao modo de atuação de cada lei e à incidência sobre contratações coletivas e sobre a legislação própria da força contratual dos sindicatos e do poder econômico; no campo do direito penal, à multa e ao tipo de criminalidade em relação à idade, ao grau de instrução ou à classe social de origem; no campo do direito econômico, à freqüência e ao uso de institutos como as sociedades de capitais; por fim, ao posicionamento (de adesão, crítica, rejeição) que o público assume diante das normas ou, mais genericamente, diante das instituições jurídicas e dos valores que se realizam na experiência jurídica (de legalidade, justiça etc.). As indagações do segundo tipo dizem respeito às questões sobre as ideologias que transparecem das decisões judiciais, sobre a condição social dos juízes e dos advogados e sobre suas relações com a política etc.

Os métodos empíricos usados pelos sociólogos do direito não são diferentes daqueles adotados pelos sociólogos em geral: a observação, a documentação, o questionário, a entrevista, a amostragem etc. Entende-se que o sociólogo do direito tem que possuir elevado preparo técnico tanto no campo sociológico quanto no campo jurídico, devendo indagar sobre uma experiência que extraia significado da sua relação com o universo normativo do direito.

4. A teoria da justiça

A dimensão da experiência jurídica que se desenvolve na direção dos valores constitui objeto específico da teoria da justiça, que é o valor próprio desse tipo de experiência. A noção de justiça pode ser objeto de um discurso de tipo científico e de um discurso de tipo filosófico; deve, portanto, distinguir-se uma teoria de uma ideologia da justiça, a primeira compreendida como um conhecimento intersubjetivamente verificável; a segunda, como sistema de idéias, de opiniões, de crenças e de preferências, concernente aos fins julgados essenciais para a vida em sociedade.

A teoria da justiça, enquanto discurso do tipo científico, articula-se em uma pluralidade de investigações:

– antes de mais nada, visa determinar quais significados o termo "justiça" assume na concretude da experiência jurídica; os conteúdos que, por vezes, lhe são atribuídos (de ordem, de igualdade, de liberdade etc.); o lugar que lhe compete na hierarquia dos valores, seja no tocante a outros valores que se realizam com o instrumento do direito (a legalidade, a certeza das relações intersubjetivas), seja com respeito aos valores não jurídicos, como os valores morais, religiosos etc.;

– uma segunda ordem de pesquisas refere-se à determinação dos critérios de justiça nos quais estão inspiradas cada uma das normas ou os ordenamentos jurídicos no seu todo;

– um terceiro problema é o das relações que podem sobrevir entre os diversos critérios de justiça, e que são relações de compatibilidade, de incompatibilidade e de implicação, conforme conduzam a uma mesma avaliação, ou se excluam reciprocamente levando a avaliações diferentes, ou sejam tais que as exigências expressas por algum deles sejam compreendidas e tuteladas por outro;

– um último problema que surge da pluralidade dos critérios de justiça é o da sua eventual "redução" a um só deles o que, na verdade, não parece possível, ainda que em cada ordenamento existe sempre um critério predominante sobre qualquer outro.

Entende-se que todas essas pesquisas são conduzidas pela teoria da justiça sobre um plano meramente descritivo: ou seja, trata-se de ver o que, de fato, se entende pelo termo "justiça" em uma determinada sociedade e de averiguar em qual concepção de justiça está inspirada uma certa norma ou um certo ordenamento, e não de reputar uma determinada concepção da justiça ou de estabelecer em que consiste a "verdadeira" justiça – problemas esses que não são científicos, mas puramente filosóficos, e formam precisamente o objeto de estudo da filosofia do direito.

5. A história do direito, a ciência do direito comparado e a etnologia jurídica

A jurisprudência, a sociologia do direito e a teoria da justiça levam em consideração, por vezes, um determinado ordenamento jurídico, em um momento particular do seu desenvolvimento. No entanto o fenômeno jurídico – sempre nos seus três aspectos: factual, normativo e valorativo – pode ser também estudado no seu transformar-se no tempo e no seu diversificar-se no espaço, dando lugar a duas outras disciplinas que recebem tradicionalmente o nome de história do direito e de ciência do direito comparado.

A história do direito estuda o fenômeno jurídico no seu vir-a-ser. Pode ter por objeto todo um ordenamento jurídico (por exemplo, o direito romano, o direito italiano, o direito comum etc.), ou um único instituto (por exemplo, o casamento, a propriedade ou o contrato) acompanhado na sua evolução contínua através dos tempos. No âmbito da cultura jurídica ocidental, o estudo do direito romano reveste-se de uma especial importância porque permite acompanhar o desenvolvimento de um ordenamento jurídico particularmente complexo no arco de um milênio, e da elaboração científica que dele fizeram gerações de juristas.

À história do direito, que estuda os ordenamentos jurídicos do passado, contrapõe-se a ciência do direito comparado, a qual coteja ordenamentos jurídicos vigentes em países diversos para colocar em evidência os elementos de semelhança e de diferença que apresentam em relação à diversidade das condições sociais, econômicas e políticas e também das tradições e das ideologias dominantes em cada país.

São elementos da história do direito e da ciência do direito comparado a etnologia jurídica (que, nos países anglo-saxões, recebe freqüentemente o nome de antropologia jurídica), a qual estuda as manifestações do fenômeno jurídico nas culturas primitivas, seja nas da pré-história e da proto-história, seja nas outras que ainda hoje sobrevivem nos países não alcançados pelas grandes civilizações universais.

6. A filosofia do direito

Acima das ciências jurídicas (acima, obviamente, não enquanto dignidade, mas enquanto estrutura conceitual) coloca-se a filosofia do direito. Não é, na verdade, objeto da filosofia do direito a experiência jurídica enquanto tal, mas a experiência jurídica elaborada pelas ciências jurídicas. Em se querendo considerar também a filosofia do direito uma "ciência"em sentido lato, dir-se-á que ela se coloca, com relação às outras ciências jurídicas, como uma ciência de segundo grau (ou "metaciência") .

Enquanto as ciências jurídicas têm uma função descritivo-explicativa da experiência jurídica, a filosofia do direito tem uma função crítica com relação aos métodos e aos conteúdos das ciências jurídicas. E exerce semelhante função em cada uma das dimensões – factual, normativa e valorativa – nas quais a experiência jurídica se desenvolve.

A) Na dimensão factual, a filosofia do direito exerce uma tarefa análoga à atribuída tradicionalmente à filosofia da história, e que consiste em buscar, se houver, o "sentido"da história, na dupla acepção de "significado"e de "-direção" do vir-a-ser histórico. É evidente que tal filosofia vai muito além dos resultados da sociologia jurídica, a qual se limita a indicar, quando muito, as linhas de tendência empiricamente verificáveis, rumo às quais um ordenamento normativo parece desenvolver-se em um determinado momento; a filosofia da história, por sua vez, pretende revelar o significado não desta ou daquela época histórica, mas da história em sua totalidade, e com ela o seu propósito. Na verdade, esta é uma pretensão – cuja legitimidade, a bem da verdade, poucos estão dispostos a reconhecer hoje – quase que universal, assim como há uma convicção de que somente após a sua morte poder-se-á dizer o que um homem realmente foi, posto que até aquele momento ele pode modificar a imagem que transmitiu de si próprio. Do mesmo modo só o desfecho da história poderá revelar o seu propósito.

Na temática de uma pesquisa dessa natureza, que Miguel Reale chamou de culturologia jurídica, se enquadram as respostas a perguntas como estas: a evolução do direito constitui um progresso problemático – de forma que seu sucesso não seja garantido, mas dependa a todo momento das nossas escolhas –, como acreditavam os iluministas, ou constitui, ao contrário, um processo dialético no qual se coloca em prática um projeto ou uma necessidade imanente na realidade, como pensavam Hegel e Marx? O direito evolui em linha reta ou segue um movimento cíclico ou, ainda, em espiral, que indica infinitas idas ou infinitos retornos? A essência do progresso humano é estabelecida pelo triunfo do direito e da constituição de uma sociedade jurídica universal, como queria Kant, ou o próprio direito, instrumento de prepotência e de exploração, está destinado a desaparecer, juntamente com o Estado, na futura sociedade sem classes almejada por Marx? Essas são perguntas que talvez jamais venham a ter uma resposta definitiva, mas que jamais deixarão de encantar a mente e a fantasia dos homens, tal o poder de instigação que delas emana.

B) Na dimensão normativa a filosofia do direito se apresenta como epistemologia e questiona qual o *status* da jurisprudência enquanto ciência e dos conceitos que ela elabora. Sobre os métodos e a função da jurisprudência foi falado no § 2. Acerca do *status* dos conceitos jurídicos convém observar como as teorias formuladas a respeito reproduzem significativamente as soluções cogitadas pela filosofia medieval ao famoso problema: se os universais eram simplesmente nomes ou realidades em si e, neste caso, se existiam somente nas coisas ou separados delas. Essas soluções podem reduzir-se substancialmente a três, conforme se coloque o universal *ante rem, in re* ou *post rem*, ou seja, segundo se atribua ao universal um *status* ontológico, gnoseológico ou lógico; e acrescente-se a isso ainda uma quarta que elimina o problema da atribuição de um *status* aos universais, reduzindo-os a nada além de *flatus vocis*.

a) A tese que coloca os universais *ante rem*, que é a do realismo extremo, repete na substância a doutrina platônica, segundo a qual os universais, ou idéias, têm um modo de ser independente da mente humana, a qual pode descobri-los, mas não criá-los. No campo jurídico encontramos tais teses retomadas pela corrente que se inspira na fenomenologia de Husserl. Para essa corrente os conceitos jurídicos são verdadeiras essências, cuja verdade não está nem histórica nem materialmente condicionada. Típica é a análise que Adolf Reinach faz da noção de "promessa", considerada por ele ato fundamental que define a esfera ou "região ontológica" da juridicidade: é inerente à própria essência da promessa, diz ele, a exigência do destinatário de que a prestação seja cumprida e a obrigação do promitente de cumpri-la – e isso independentemente da qualidade do sujeito que fez a promessa, seja ele um deus, um homem ou um anjo. E o seria também ainda que, por hipótese, nenhuma promessa jamais tivesse sido feita.

b) A tese que coloca o universal *in re* é a do realismo moderado: ela se remete substancialmente ao magistério aristotélico, segundo o qual o universal é inerente à realidade indivisa como sua "forma" ou "essência" caracterizante, mas indissoluvelmente unida à "matéria". Encontramos essa perspectiva – mais que em uma teoria ou doutrina particular – na atitude comum entre os operadores do direito os quais, habituados a lidar com as definições dos institutos jurídicos, como o casamento, a propriedade etc., estão inclinados a considerá-las definições "reais", ou seja, como expressão da própria essência daqueles institutos.

c) A tese que coloca os universais *post rem* é aquela do conceitualismo, o qual afirma que eles são meros produtos da mente humana; seu significado é exclusivamente lógico e depende de operações de abstração realizadas pelo intelecto e voltadas a elucidar os elementos conotativos comuns a uma classe de indivíduos. Um eco dessa concepção encontra-se naqueles juristas que, operando com método naturalista, afirmam, como Carnelutti, que a observação, a comparação e a classificação são as etapas que o jurista deve percorrer para construir a sua ciência. Com base no exame dos fatos jurídicos observados e das normas chega-se à identificação de características comuns a algumas de suas classes e à sua definição.

d) Por fim, a tese do nominalismo, que nega aos universais qualquer *status*, até mesmo de simples produções mentais, reduzindo-os a nada além de nomes, palavras, *flatus vocis*, está presente junto aos teóricos do realismo jurídico (sobre os quais se falará no momento oportuno). Esses negam que aos conceitos jurídicos corresponda algo de logicamente definível, e lhes atribuem um significado puramente "mágico" e emotivo. Falar de direitos subjetivos, de deveres jurídicos, de obrigações, de propriedades etc., é pronunciar palavras privadas de sentido, que não têm *status* lógico nem referente: no entanto, elas são idôneas a suscitar determinados estados de alma, pelos quais se estabelecem relações psicológicas irracionais entre certas palavras que expressam obrigações, proibições e determinados comportamentos considerados necessários e efetivamente adotados.

Parece mais correto situar o problema do *status* dos conceitos jurídicos partindo da consideração da função que eles exercem, e que é uma função meramente instrumental. O conceito nos permite resumir um certo número de experiências naquilo que elas têm em comum: chega-se a isso mediante um processo classificatório que, partindo da observação de um conjunto de "objetos", deles abstrai *algumas* características comuns que são escolhidas dentre *todas* as características comuns aos elementos do conjunto com base na sua relevância no que diz respeito aos fins pelos quais se opera a seleção. Cria-se, desse modo, um modelo mental que serve, ou que pode servir, como critério para o reconhecimento de experiências futuras. Os conceitos jurídicos têm uma função meramente operacional: não fornecem definições "reais", mas somente modelos, cuja função é organizar um setor da experiência – a experiência jurídica, mais precisamente – com a finalidade de obter o máximo de economia mental. O "sentido" do conceito de propriedade não é outro senão o de denotar, com um único termo, um conjunto de relações ativas e passivas, de faculdades e de obrigações que se ligam a uma certa situação na qual um sujeito está relacionado a uma coisa; assim sendo para todas as outras noções das quais se serve a ciência jurídica. Embora seja difícil para o jurista, habituado a "manipular" os conceitos jurídicos como algo sólido e corpulento, é preciso resistir à tentação de neles ver mais do que realmente são: esquemas mentais, cujo sentido está total e unicamente no seu valor de uso.

C) No que diz respeito à dimensão valorativa da experiência jurídica a filosofia do direito tem uma função axiológica: sua tarefa é buscar e definir o valor específico que se realiza no direito e ao qual se dá o nome de justiça. Diferentemente das ciências jurídicas que comportam uma "tomada de consciência" e cujos juízos são juízos de fato, a filosofia do direito requer uma "tomada de posição", e os seus juízos são juízos de valor.

Isso permite, antes de mais nada, manter distinta a filosofia do direito como axiologia, da jurisprudência, que estuda um determinado ordenamento normativo nos aspectos formais (teoria geral do direito) e nos conteúdos materiais (dogmática). Tarefa da jurisprudência é, por exemplo, estabelecer se, em determinado ordenamento jurídico estatal, admite-se o divórcio ou pune-se o aborto, enquanto a filosofia do direito submete a exame crítico tal normativa à luz de um determinado sistema de valores, e a julga justa ou injusta, conforme a considere de acordo ou não com esse sistema.

No entanto, a filosofia do direito também se distingue da teoria da justiça, a respeito da qual se falou no § 4. E, na verdade, enquanto essa última limita-se a identificar e descrever os valores nos quais uma norma ou um ordenamento se inspira, a filosofia do direito submete esses valores à crítica da razão. A teoria da justiça conduz um discurso descritivo de tipo fenomenológico; a filosofia do direito conduz um discurso crítico de tipo ideológico. A primeira tem, no que tange ao valor, uma função puramente recognitiva; a segunda, uma função constitutiva (ou seja, criativa). A fenomenologia dos valores está para a crítica de valores assim como a metodologia está para a epistemologia: a metodologia como descrição dos procedimentos intelectuais ou experimentais utilizados para conduzir uma pesquisa ou, mais genericamente, usados por uma determinada ciência ou disciplina, é um momento da própria pesquisa científica, enquanto a epistemologia, como reflexão crítica sobre o método, destina-se a desvendar-lhe a estrutura conceitual e averiguar-lhe o valor heurístico, levantando um problema filosófico. Do mesmo modo, o estudo fenomenológico dos valores é objeto de investigação científica, enquanto a sua valoração crítica é tarefa da filosofia. A fenomenologia da justiça responde à pergunta: "Em qual concepção de justo *está* inspirada a regulamentação jurídica positiva de uma certa relação?"; a ideologia da justiça pergunta, por sua vez, em qual concepção de justo *deve ser* inspirada a disciplina jurídica de tal relação: uma promove a busca do ser do direito, a outra conduz a uma busca do dever ser. Ambas envolvem o valor, mas enquanto para a teoria da justiça essa última constitui *objeto* de pesquisa empírica, para a filosofia do direito a determinação do conceito de justo constitui o *resultado* de uma opção valorativa.

À temática própria da filosofia do direito como ideologia da justiça está dedicado o último capítulo (o quinto) do presente volume.

7. A política do direito

Antes de concluir esta introdução diremos algumas palavras sobre a chamada "política do direito", cuja expressão costuma compreender duas coisas que convém deixar bem distintas. Na primeira acepção, a expressão indica o conjunto de técnicas destinadas a traduzir em ato um certo modelo de sociedade, em um contexto social determinado, mediante a criação de uma normativa idônea de tipo jurídico. Na segunda acepção indica o conjunto das técnicas destinadas à utilização adequada das normas jurídicas existentes para atingir certas finalidades sociais. No primeiro significado a política do direito, enquanto criação de normas (gerais e abstratas), diz respeito à atividade do legislador; no segundo significado, enquanto utilização de normas já existentes, concerne à atividade do intérprete e, de modo geral, de qualquer outro operador do direito.

A política do direito se coloca entre a filosofia do direito que, como busca e posição de valores, indica os fins a serem alcançados por meio do instrumento jurídico (*cóndito* ou *condendo*), e a sociologia do direito que, pelo estudo das relações entre direito e sociedade, fornece indicações úteis para a escolha dos meios mais idôneos para a obtenção desses fins. Para que esse conceito fique mais claro convém estabelecer uma comparação entre a política do direito e a pedagogia: de fato, assim como a política do direito se coloca entre a filosofia do direito e a sociologia jurídica, a pedagogia se coloca entre a ética normativa, que indica as metas educativas, e a sociopsicologia, que fornece indicações para a escolha dos instrumentos didáticos mais idôneos ao atingimento daquelas metas.

Nota bibliográfica

Sobre a teoria tridimensional do direito cf., embora num sentido não exatamente idêntico ao texto, M. REALE, *Filosofia del diritto* (1943), Giappichelli, Torino, 1956 (principalmente a décima parte), e *Il diritto como esperienza*, Giuffrè, Milano, 1973.

Sobre os problemas da ciência do direito e da teoria geral do direito e suas relações com a filosofia do direito, cf. N. BOBBIO, *Teoria della scienza giuridica*, Giappichelli, Torino, 1950, e *Studi sulla teoria generale del diritto*, Giappichelli, Torino, 1955.

Sobre a sociologia do direito veja R. TREVES, *Introduzione alla sociologia del diritto*, Einaudi, Torino, 1977, e, mais sucintamente, o artigo do mesmo autor "Sociologia del diritto", in *Novissimo digesto italiano*, vol. XVII, Utet, Torino, 1970, pp.789-806.

Sobre a relação entre estrutura e função no direito cf. N. BOBBIO, *Dalla struttura alla funzione. Nuovi studi di teoria del diritto*, ed. di Comunità, Milano, 1977. Sobre a diferença entre teoria e ideologia da justiça cf. E. DI ROBILANT, *Teoria e ideologia nelle dottrine della giustizia*, Giappichelli, Torino, 1964, e *Sui principi di giustizia*, Giuffrè, Milano, 1961.

Capítulo I

O direito

SUMÁRIO: 8. O indivíduo e a sociedade. – 9. Comportamentos desviantes e controle social. – 10. O direito como instrumento do controle social. – 11. Força e consenso. – 12. O direito como norma, como ordenamento e como relação. – *Nota bibliográfica.*

8. O indivíduo e a sociedade

Que o homem só pode viver em sociedade com os seus semelhantes, não é, por certo, uma constatação recente, nem é recente a consciência da variedade e da complexidade dos problemas suscitados pela natureza social do homem: esta, de fato, não só finca suas raízes nas necessidades fisiológicas da espécie humana como, também, desempenha um papel decisivo na própria formação da personalidade do homem, que toma consciência da sua individualidade somente com relação aos outros e na dependência do reconhecimento que deles advenha.

Fornecer uma exata noção de sociedade não é empresa fácil, tamanha a disparidade de opiniões sobre o assunto entre os estudiosos – nem é necessário, aliás, para os fins desta introdução. Por um lado, a sociologia como estudo científico da sociedade, da ação social e dos sistemas sociais tem origem bastante recente (remonta, como se sabe, a meados do século passado); por outro lado, os fenômenos sociais são muito complexos e mutáveis para que uma *communis opinio* tivesse modo e tempo para se formar. Foi grande a tentação de emprestar das outras disciplinas mais antigas e organizadas os modelos interpretativos para serem transpostos e utilizados no estudo dos fenômenos sociais. Assim, quem adotou o presente modelo oferecido pela física, concebeu a sociedade como um mecanismo, ou seja, como a resultante das ações atômicas realizadas pelos indivíduos com vistas a atingir os fins particulares, que cada um persegue; quem, por outro lado, acolheu o modelo fornecido pela biologia, viu a sociedade como um organismo ao qual os indivíduos estão subordinados, exatamente como as células estão subordinadas às funções gerais do organismo.

Esses dois pontos de vista refletem uma realidade e escondem uma ideologia. Em um plano meramente descritivo, de fato, é inegável que alguns grupos (como as sociedades familiares e os clãs), caracterizados por interesses convergentes e pela aceitação de uma mesma escala de valores, se aproximam do modelo organicista, enquanto outros (como as modernas sociedades estatais), caracterizados por interesses concorrentes e por uma pluralidade de sistemas valorativos, aproximam-se muito mais do modelo mecanicista. No plano ideológico, a aceitação do primeiro ou do segundo modelo revela a preferência ajustada à sociedade de desiguais, fundada na subordinação dos indivíduos ao todo, ou a sociedades de iguais, fundadas em relações de coordenação dos vários fins que os indivíduos perseguem em particular e pelas atividades voltadas a realizá-los; em uma palavra, revela a preferência ajustada a formas de organização autocrática ou democrática da sociedade.

O contraste entre essas duas concepções indica a tensão implícita na relação entre indivíduo e sociedade, relação que se apresenta sob o signo da contradição e da ambivalência. Na verdade, por um lado eu preciso dos outros: não só o desenvolvimento das faculdades superiores, intelectuais e morais da minha personalidade é condicionado pelo contexto social ao qual pertenço, mas o meu vir ao mundo e a minha própria sobrevivência física pressupõem a existência de uma sociedade, mesmo que rudimentar. Ora, se eu preciso dos outros, quer dizer que dependo deles, ou seja, que estou sujeito aos outros. Por outro lado, uma vez que me sirvo dos outros para satisfazer as minhas necessidades – que, de outra forma, não teria condições de fazer –, tendo a instrumentalizar os outros com vistas à consecução dos meus fins particulares. Essa conflitualidade potencial, típica das relações sociais, se por um lado dá origem ao direito como instrumento aparelhado para a resolução dos conflitos, por outro faz com que o próprio direito assuma, como veremos melhor a seguir, o caráter de ambivalência característico das relações entre os indivíduos e a sociedade.

9. Comportamentos desviantes e controle social

A necessidade de garantir a sobrevivência do homem e a consecução dos seus fins essenciais requer a instauração de uma ordem social, ou seja, de um condicionamento das ações individuais, visando a consecução desses fins. Que fins seriam esses, e que objetivos a ordem social propõe, ou deve propor, não nos interessa aqui, uma vez que, a primeira questão depende, em última análise, das condições históricas concretas e, a segunda, das nossas preferências pessoais. O que importa destacar é que uma ordem, seja ela qual for, pressupõe uma certa uniformidade de comportamentos que torne de algum modo previsíveis, ou seja, típicas, as reações de cada indivíduo a situações igualmente típicas. A atividade do homem é, sobretudo, atividade projetante. Ora, nenhum projeto poderia ser utilmente formulado senão com a previsão de que certos dados permanecerão constantes dentro de limites de tempo razoáveis: é evidente que, dentre esses dados, o comportamento dos outros componentes do grupo ocupa um lugar privilegiado.

A conformidade dos modelos individuais a modelos universalmente reconhecidos e aceitos é obtida, antes de mais nada, por meio de processos dinâmicos chamados de socialização (ou aculturação) e de interiorização (ou introjeção). A socialização consiste no processo educativo – não limitado ao período da chamada idade evolutiva, mas desenvolvido durante todo o período da vida do homem – pelo qual primeiro a criança, depois o jovem e, por fim, o adulto desenvolvem a capacidade de cumprir as funções correspondentes aos papéis sociais que irão gradualmente assumindo (papel de estudante, de padre, de operário, de médico etc.), integrando-se, desse modo, ao contexto do grupo. O processo de socialização leva à chamada interiorização das normas sociais, graças à qual o indivíduo incorpora as normas que a sociedade prescreve aos seus membros e os valores em que elas são inspiradas, de modo que a obediência a tais normas já não seja considerada como o resultado de uma constrição proveniente do exterior, mas como a satisfação de uma necessidade interior que encontra em si mesma a própria gratificação.

Todavia, os processos de socialização e de introjeção não são suficientes para assegurar que todos os componentes do grupo se adaptem sempre aos modelos de comportamento desejados: a não-conformidade a tais modelos dá lugar aos fenômenos da variação (ou inovação) e do desvio (ou anomia). A variação é um comportamento de não-observância; apesar disso, o grupo o julga de forma favorável, e acaba por aceitá-lo, modificando conseqüentemente os próprios modelos de comportamento: as variações estão na origem das transformações do costume. O desvio é, por sua vez, um comportamento de não-observância que o grupo desaprova e que vai desde o desrespeito a certas regras de boa educação e de etiqueta até a ações criminosas que colocam em risco a própria sobrevivência do grupo. Nem todos os desvios, porém, suscitam a reação do grupo, mas somente os que despertam particular desaprovação ou provocam particular alarme: o grupo só reage em relação a esses últimos para prevenir ou impedir o comportamento desviante ou para eliminar ou reduzir as suas conseqüências julgadas nocivas. O conjunto dos instrumentos e das técnicas destinadas a pressionar os indivíduos para que adaptem seu comportamento a certas regras de conduta constitui o que chamamos de controle social.

Os meios pelos quais se exerce o controle social são numerosos e díspares, e vão desde a recusa de afeto dos pais para com os filhos desobedientes, a reprovação e o desprezo até o banimento, o linchamento e a pena de morte; mas não se deve deixar de considerar que esse controle, como veremos melhor a seguir, se realiza também de formas gratificantes, que vão desde o apreço do grupo até a concessão de prêmios especiais ou de benefícios. De todo modo, vale notar que todos os instrumentos do controle social têm em comum o fato de poderem ser reduzidos esquematicamente a uma situação típica, pela qual a um determinado comportamento do indivíduo segue-se, por obra do grupo ou de parte expressiva dele, uma certa conseqüência. Se o comportamento adotado receber a aprovação do grupo, a conseqüência decorrente será favorável ao agente; se, no entanto, for um comportamento socialmente reprovado, a conseqüência será desfavorável.

Independentemente das formas pelas quais o controle social se realiza, o seu mecanismo é, pois, idêntico, e consiste em fazer suceder a conseqüência B ao comportamento A, em que B pode assumir tanto um valor positivo, caso resulte em uma situação favorável, e portanto desejável por parte do sujeito que incorpora o comportamento condicionante, quanto um valor negativo, caso resulte em uma situação desfavorável e, portanto, a ser evitada por parte do próprio sujeito. Para induzir os componentes do grupo a ter um determinado comportamento (ou, o que é o mesmo, a abster-se do comportamento contrário), duas técnicas podem ser utilizadas: a técnica promocional, que consiste em atribuir conseqüências favoráveis ao comportamento socialmente desejado, ou a técnica dissuasiva, que consiste em atribuir conseqüências desfavoráveis ao comportamento desviante.

10. O direito como instrumento do controle social

Digamos desde já que o direito nada mais é que um instrumento do controle social, uma das muitas técnicas pelas quais o controle social se realiza, e talvez não a mais importante, ainda que, com certeza, a mais característica.

Vejamos em que o direito difere dos outros meios do controle social e, para isso, vamos partir do exame dos sistemas sociais. Por sistema social entende-se um grupo mais ou menos numeroso de pessoas que geralmente adaptam o próprio comportamento a um sistema relativamente estável de normas de conduta. Os sistemas sociais dividem-se em sistemas elementares e sistemas estruturados. Sistemas sociais elementares são aqueles em que a união de mais indivíduos para a consecução dos fins comuns se realiza de modo espontâneo e informal, sem dar lugar à diferenciação interna das tarefas e das funções e, sobretudo, àquela diferenciação fundamental entre a minoria dos governantes e a maioria dos governados que dá lugar ao fenômeno do poder; por outro lado, sistemas sociais estruturados são aqueles em que essa diferenciação se verifica. O poder é diferente da potência e da mera força, presentes também nas sociedades elementares e mesmo naquelas subumanas: poder é a força que se organizou e que se revestiu de alguma forma de legitimação, é potência institucionalizada. Que o poder tenha uma origem endógena, isto é, que se origine de um processo espontâneo de diferenciação no interior do grupo, ou que tenha uma origem exógena, ou seja, derive da sobreposição de uma unidade étnica conquistadora sobre uma população dominada, é problema que interessa aos historiadores ou aos sociólogos, assim como interessa aos estudiosos das doutrinas políticas o exame das ideologias, nas quais o poder procurou constantemente uma legitimação. O que aqui interessa destacar é que os sistemas sociais elementares não se identificam necessariamente com as sociedades primitivas (ou, como se diz atualmente, de interesse etnológico): e, na verdade, nessas últimas também não faltam, por vezes, formas institucionalizadas de poder, enquanto no seio dos sistemas sociais estruturados também surgem com vários objetivos e operam de várias maneiras grupos espontâneos informais que evitam formas institucionalizadas de organização.

É característico dos grupos sociais estruturados a institucionalização da reação aos desvios como conseqüência da manifestação do fenômeno do poder. Isso não quer dizer que todas as reações a qualquer comportamento desviante sejam institucionalizadas: formas não institucionalizadas de reação continuam a subsistir ao lado das formas institucionalizadas, as quais não atingem nenhum comportamento desviante, mas apenas os comportamentos que ameacem os interesses considerados merecedores de tutela específica por aqueles que detêm o poder.

O processo de institucionalização da reação ao comportamento desviante costuma desenvolver-se em duas fases sucessivas: num primeiro momento, comporta a designação, no interior do grupo, de uma categoria de sujeitos, à qual é solicitada a aplicação das sanções aos violadores das normas sociais; no momento seguinte, acrescenta-se a determinação, com caráter de tipicidade e de abstração, da espécie e da importância daquelas mesmas sanções, e também nos casos e nas modalidades em que as ditas sanções devem ser aplicadas pelos órgãos aos quais são confiadas. O juiz que julga segundo a eqüidade ou que aplica os costumes sociais precede historicamente o legislador. Quando semelhante processo de institucionalização se aperfeiçoa, encontramo-nos na presença de um ordenamento jurídico.

O fenômeno jurídico mostra-se estreitamente ligado ao fenômeno social, de maneira que não pode haver direito onde não haja sociedade: ou seja, as ações jurídicas se apresentam como um subconjunto das ações sociais. É verdade, portanto, que *ubi ius, ibi societas*; a recíproca, todavia, não é verdadeira, uma vez que nem todas as sociedades produzem o direito, mas apenas aquelas (e isso vale mesmo em sociedades de bandidos) que alcançaram um nível considerável de estruturação interna, caracterizada pelo surgimento do fenômeno do poder e pela conseqüente institucionalização das sanções.

A concepção do direito como técnica do controle social caracterizada justamente por um alto grau de institucionalização da reação aos comportamentos desviantes, nos permite distinguir o direito propriamente dito dos preceitos morais, de um lado, e das regras do costume, do outro.

O direito distingue-se da moral, posto que essa última compreende o sistema de normas "interiorizadas", ou seja, daquelas normas que foram aceitas pelo indivíduo que as considera obrigatórias por si próprias, independentemente da previsão que à sua violação se suceda uma reação por parte do grupo. Esse ponto de vista foi sustentado especialmente pelos filósofos, de Thomasius a Kant, que colocaram a tônica na exterioridade do direito em relação à interioridade da moral, no duplo sentido em que o direito diz respeito às ações externas, enquanto a moral visa a intenção do agente, e que o direito comporta sanções externas à violação dos seus preceitos, enquanto a moral comporta sanções puramente internas, como a satisfação pelo dever cumprido e o remorso pelo preceito violado.

Enquanto o problema da distinção entre direito e moral ocupou sobretudo os filósofos, o problema da distinção entre o direito e as regras do costume interessou principalmente os sociólogos, que a reconheceram no fato de que as sanções jurídicas são sanções institucionalizadas, enquanto aquelas que se seguem à violação das regras do costume não o são. As sanções sociais são confiadas à iniciativa descontrolada de cada um, e, por isso, apresentam um grau de aleatoriedade, de inconstância e de arbítrio bem maior que o das sanções jurídicas as quais, por serem institucionalizadas, fruem um maior grau de certeza, seja no que tange à sua qualidade e importância, seja no que diz respeito à sua efetiva aplicação. A certeza da reação ao ilícito é um dos valores sociais mais importantes que se realizam por intermédio do instrumento jurídico.

Observe-se, a esse respeito, que os três tipos de sanção (moral, social e jurídica) atingem uma conduta que, ao mesmo tempo, viole uma norma considerada pelo agente como um preceito moral, seja reprovada pela opinião pública e constitua um ilícito para o ordenamento jurídico. Essa hipótese, todavia, não se verifica no caso de a norma não ser comum a todos os três sistemas normativos: o objetor de consciência*, por exemplo, será condenado pelos tribunais do Estado mas, longe de sentir remorso, provará um sentimento de satisfação por ter obedecido com seu sacrifício pessoal uma norma que, na sua escala de valores pessoais, ocupa um posto mais elevado, e será olhado, não com reprovação, mas com respeito, por aquele setor da opinião pública que compartilha os seus ideais pacifistas ou que, mesmo aceitando como uma necessidade a defesa do país contra eventuais ataques, não é indiferente aos valores humanos nos quais o objetor de consciência se inspira.

11. Força e consenso

Até há algumas décadas, era corrente a opinião de que o direito nada mais era que um conjunto de normas, cuja eficácia é reforçada pela ameaça do uso da força contra os transgressores. Sustentava-se que era próprio de um ordenamento jurídico o fato de impor, mediante a coação, a observância de suas normas, ressaltando-se, porém, que nem tanto a coação em ato (que pode falhar em alguns casos, por exemplo quando o autor do ilícito não é identificado), quanto a abstrata possibilidade da coação (ou coercibilidade) deveria ser considerada característica importante do direito.

Mais recentemente, ganhou espaço na ciência jurídica a opinião segundo a qual o direito não é tanto um conjunto de normas reforçadas pela ameaça do uso da força, quanto o rejunto de normas que regulam o uso da força. Em outros termos, a força não é mais considerada pelos defensores dessa corrente (Kelsen, Olivecrona, Ross) como o instrumento usado, ou simplesmente uma intimidação, para assegurar a observância das normas jurídicas, mas constitui

* O objetor de consciência é aquele que se desobriga a praticar determinadas exigências legais porque elas se contrapõem às suas convicções pessoais. (N. da T.)

ela própria o objeto da regulamentação jurídica, a qual, justamente, não teria outra função a não ser a de estabelecer as condições de legitimidade do uso da força, designando os sujeitos aos quais tal uso é delegado, e determinando os casos e as modalidades em que a força pode ser usada.

Parece evidente que o termo "força" é usado com significados diversos pelos defensores das duas teorias. Na verdade, quando se diz que o direito é o conjunto de normas impostas pela força, há uma referência clara à força que cria o direito; quando, por outro lado, se afirma que o direito é o conjunto de normas que regulam o uso da força, há uma referência direita à força usada em conformidade com o direito. Isso parecerá mais claro ao atentar para os dois significados com que a palavra "poder" é usada: no primeiro significado, poder (no sentido do alemão *Können*) é o poder político, ou seja, a força institucionalizada que cria o direito; no segundo significado (no sentido do alemão *Dürfen*) é o poder jurídico que usa a força em conformidade com o direito.

A adesão a uma ou a outra maneira de entender a relação entre direito e força diz respeito a uma escolha de natureza ideológica. Na verdade, a teoria que vê no direito um conjunto de preceitos reforçados pela ameaça da força põe a tônica sobre a função repressiva do direito como técnica do controle social tendente, justamente, à repressão dos comportamentos desviantes. A teoria que vê no direito um conjunto de normas reguladoras do uso da força, destaca, por sua vez, a função garantista do direito, ou seja, a certeza de que nenhuma forma de constrição, física ou de qualquer natureza, possa ser usada a não ser nos casos e nos modos permitidos pelo ordenamento jurídico. Em verdade, a função repressiva e a garantista constituem as duas faces da mesma moeda: o direito, de fato, pode assegurar a qualquer indivíduo uma esfera de liberdade dentro da qual ele consegue agir com plena autonomia, sob a condição de reprimir as atividades dos demais indivíduos que constituam interferência indevida naquela esfera de liberdade.

Uma vez que a esfera de liberdade, ou espaço jurídico, de cada indivíduo pode ser mais ou menos ampla conforme queiram os que detêm o poder político, o direito apresenta-se com características intrínsecas de ambivalência. Se, por um lado, o sistema jurídico constitui um meio eficaz para garantir a liberdade individual e favorecer o atingimento de altas metas de justiça e de bem-estar social, representa, por outro lado, um poderoso instrumento para o controle do indivíduo, instrumento do qual os detentores das alavancas do poder podem facilmente abusar para oprimir aquelas mesmas liberdades e para reforçar as próprias posições de superioridade econômica e social. Reflete-se de igual maneira no direito a ambivalência, que já vimos ser própria da relação entre o indivíduo e a sociedade, relação que é, simultaneamente, de integração e de tensão. Muitas vezes o direito foi definido como "um sistema de limites", e a definição pode ser aceita com a advertência de que o problema de fixar tais limites – ou seja, de determinar a amplitude das liberdades individuais em relação às exigências de coexistência e de cooperação próprias do grupo – é um problema de escolhas políticas e não um problema jurídico.

Nem todos concordam, porém, em crer que a coação (ou, mais exatamente, a coercibilidade) é um componente essencial à noção do direito. Aqueles que refutam tal conexão fazem ressaltar que, na grande maioria dos casos, as normas jurídicas são respeitadas espontaneamente por seus destinatários, e não pelo temor de incorrer nas sanções previstas para os que não os observam. Há apenas meias-verdades nesse argumento, dito de adesão espontânea. Já sabemos como a ordem social pressupõe um mínimo de estabilidade, de normalidade, de previsibilidade, sem o qual toda forma de convivência pacífica e de cooperação seria impossível. Ora, a ordem social deve fazer frente à ameaça sempre iminente dos comportamentos desviantes que podem, a todo momento, turbá-la e, até mesmo, destruí-la; por isso a necessidade de instrumentos aptos a garantir uma certa uniformidade de conduta e a reduzir, e possivelmente eliminar, os comportamentos desviantes.

A organização social, e a sua força estruturante que é o poder, baseiam-se essencialmente em dois fundamentos: o consenso e a força. Esses dois elementos podem ser diversamente distribuídos nos diferentes regimes políticos, mas nenhum deles pode abrir mão nem de um, nem de outro: assim como as ditaduras não podem prescindir de um mínimo de consenso, ao menos por parte daqueles que detêm a força das armas, da mesma forma a democracia não pode pôr de lado o uso da força para impor à minoria recalcitrante a vontade da maioria. Tendem a buscar o consenso, como já vimos, os processos de socialização e de interiorização, que hoje se valem, além das instituições escolares e educativas, dos chamados meios de comunicação de massa (da imprensa ao cinema, do rádio à televisão); mas, posto que tais meios não são suficientes para eliminar o fenômeno do desvio, vêm em auxílio os mecanismos do controle social, entre os quais o direito ocupa, como sabemos, um lugar privilegiado, caracterizado por um alto nível de organização. E se é verdade que o direito conta, sobretudo, com o consenso, é igualmente verdade que pode contar, em última instância, com a força para impor aos não-observantes o respeito às suas normas.

Força e consenso têm entre si uma relação inversamente proporcional, tal que quanto menor a primeira, maior se faz a segunda: a prevalência de um ou de outro elemento constitui um dos mais significativos parâmetros para a qualificação de um regime político, uma vez que as democracias contam, sobretudo, com o consenso dos cidadãos, enquanto as ditaduras se fiam amplamente na força dos aparatos repressivos.

12. O direito como norma, como ordenamento e como relação

De tudo o que foi dito, fica claro que o direito é, antes de mais nada, *norma agendi*, regra de comportamento. É esse precisamente o ponto de vista chamado "normativista", desenvolvido sobretudo na "teoria pura do direito", de Hans Kelsen.

Mas é característica da norma jurídica, como sabemos, ser institucionalizada, ou seja, ser não o produto espontâneo e irrefletido de um grupo informal, como são as normas do costume, mas a criação mais ou menos artificial e consciente de um grupo estruturado. O direito nasce quando um sistema social alcançou elevados níveis de especialização interna das funções atribuídas aos componentes do grupo e, em vista da instauração e da manutenção de uma certa ordem, atinge-se uma organização adequada. Desse ponto de vista, dito justamente institucionalista, o direito identifica-se com o ordenamento próprio de uma sociedade estruturada. A teoria institucionalista foi defendida, na França, por Maurice Hariou e, na Itália, por Santi Romano.

Uma terceira teoria enfatiza o fato de que a função própria do direito é a de regular as relações intersubjetivas. Para os defensores dessa teoria, a intersubjetividade constitui o elemento qualificante do direito, que nos permite distinguir a atividade jurídica daquela moral, por um lado, e da economia, por outro. De fato, a moral distingue-se por sua natureza eminentemente subjetiva: ela não funda pretensões, apenas impõe deveres, cuja concretização cada um deve responder somente diante da própria consciência. A economia coloca o homem em relação com as coisas, consideradas como meros instrumentos para a satisfação das nossas necessidades, diante das quais não há qualquer sentido falar de direitos ou de deveres. Só o direito coloca o homem em relação com os outros, uma relação que é bilateral e recíproca: bilateral, no sentido de que ao direito de um corresponde o dever do outro; recíproca, no sentido de que ninguém pode obrigar o outro, a não ser na medida em que também possa ser obrigado. A teoria do direito como relação é, sem dúvida, a mais antiga e a preferida pelos filósofos, de São Tomás a Kant; recentemente, ela foi desenvolvida na Itália por Alessandro Levi.

As três teorias do direito – como norma, como ordenamento e como relação – longe de se excluírem reciprocamente, na verdade se integram e se completam em uma visão mais significativa e compreensiva da experiência jurídica. Dizer que uma norma é jurídica porque regula uma relação, ou que uma relação é jurídica porque é regulada por uma norma, é obviamente a mesma coisa. Por outro lado, se é verdade que uma norma é jurídica porque à sua violação corresponde uma reação institucionalizada, é igualmente verdade que uma reação pode-se dizer institucionalizada somente se não for arbitrária, mas regulada por uma norma. Unindo os três elementos anteriormente examinados, o direito poderia ser definido como "um ordenamento de normas que regulam relações intersubjetivas, a cuja violação se segue uma reação institucionalizada".

Leve-se em consideração que a preferência dada a uma ou outra das teorias mencionadas depende, muitas vezes, de motivos ideológicos. Não é, de fato, insignificante que a teoria normativista seja, sem dúvida, a mais difundida entre os operadores do direito, que no seu trabalho cotidiano lidam sobretudo com normas; que a teoria do ordenamento (ou da instituição) seja acolhida com simpatia pelos sociólogos, levados naturalmente a evidenciar as conexões que ocorrem entre os fenômenos sociais e os fenômenos jurídicos; e que a teoria da relação tenha encontrado maior consenso entre os filósofos, preocupados sobretudo em estabelecer a distinção entre o direito, de um lado, e a moral e a economia, de outro. Além disso, cada uma das três teorias privilegia um valor específico realizável com o instrumento jurídico: a teoria normativista preocupa-se em garantir a certeza do direito, a teoria da instituição preocupa-se sobretudo com a ordem e com a estabilidade social, enquanto a teoria relacionista tende a evidenciar a igualdade ideal dos sujeitos que dão vida à relação.

Do ponto de vista científico, as três teorias há pouco examinadas se apresentam como simples modelos de interpretação da experiência jurídica que, a par dos modelos utilizados no estudo dos fenômenos físicos, nada mais são que a nossa maneira de representar a realidade e de dar uma ordem à infinita variedade das nossas experiências. Esses modelos não têm em si nada de absoluto, não nos dizem o que é "realmente" o direito; apenas nos fornecem um instrumento mais ou menos útil que nos permite dar uma sistematização conceitual idônea a certos dados da experiência. Como todos os modelos, os modelos jurídicos também têm como característica serem relativos e complementares: relativos, enquanto colhem da experiência um aspecto particular; complementares, enquanto cada um deles nos fornece a explicação de certos aspectos da realidade jurídica, que não se deixam explicar facilmente pelas outras teorias.

Nos capítulos a seguir, examinaremos separadamente os aspectos da experiência jurídica que cada uma das teorias mencionadas nos permite evidenciar.

Nota bibliográfica

Sobre os §§ 7 e 8 veja E. SCHUR, *Sociologia del diritto*, ed. Il Mulino, Bologna, 1970, e A. K. COHEN, *Controllo sociale e comportamento deviante*, ed. Il Mulino, Bologna, 1969.

Sobre o direito como instrumento do controle social, cf. H. KELSEN, *Teoria generale del diritto e dello stato (1945)*, ed. di Comunità, Milano, 1959, pp. 15 ss. [Trad. bras. *Teoria geral do direito e do Estado*, Martins Fontes, São Paulo, 3ª ed. 1998.]

Sobre as relações entre direito e força veja N. BOBBIO, "Diritto e forza" (1965), in *Studi per una teoria generale del diritto*, Giappichelli, Torino, 1970.

Para as teorias normativistas do direito veja H. KELSEN, *Lineamenti della dottrina pura del diritto* (1934), Einaudi, Torino, 1967, *Teoria generale del diritto e dello stato*, cit., e *La dottrina pura del diritto* (1960), Einaudi, Torino, 1966.

Para as teorias institucionais veja SANTI ROMANO, *L'ordinamento giuridico* (1918), Sansoni, Firenze, 1977, e M. HAURIOU, *Teoria dell'istituzione e della fondazione* (1925), Giuffrè, Milano, 1967.

Para as teorias relacionistas veja A. LEVI, *Teoria generale del diritto* (1950), Cedam, Padova, 1967.

Capítulo II

A norma jurídica

SUMÁRIO: 13. A norma jurídica como proposição prescritiva. – 14. Imperativos, conselhos e instâncias. Obrigações, proibições e permissões. – 15. Os imperativos condicionados. – 16. Normas gerais e normas individuais; normas abstratas e normas concretas. – 17. Preceito e sanção. – 18. Normas primárias e normas secundárias. – 19. Normas de direito público e de direito privado. – 20. Validade, eficácia e valor das normas jurídicas. – *Nota bibliográfica.*

13. A norma jurídica como proposição prescritiva

A primeira maneira de considerar o direito é a que nele reconhece um conjunto de normas, ou seja, um conjunto de regras de comportamento, cuja observância é imposta aos destinatários. "O direito de uma sociedade – escrevia A. Thon – nada mais é que um conjunto de imperativos tão estreitamente entrelaçados, que a desobediência a um constitui freqüentemente o pressuposto daquilo que é comandado pelo outro." Neste capítulo as normas jurídicas serão estudadas do ponto de vista meramente formal, próprio da teoria geral do direito, prescindindo dos seus conteúdos específicos, mas fazendo exclusiva referência à sua forma ou estrutura lógico-lingüística. Examinar-se-á que *status* específico cabe às normas no universo lingüístico ao qual pertencem, e em que as normas jurídicas se distinguem das pertencentes a outros sistemas normativos não jurídicos.

A norma jurídica – quer se trate do artigo de uma lei, do dispositivo de uma sentença ou da cláusula de um contrato – apresenta-se, sob o perfil lingüístico-formal, como uma proposição, ou seja, como uma seqüência de palavras dotada de significado. Os enunciados distinguem-se das proposições, entendendo-se por enunciado o complexo léxico-sintático dos sinais lingüísticos pelos quais é expressa a proposição. Entende-se que a própria proposição pode ser expressa por enunciados diversos. Isso pode ocorrer, seja no âmbito da própria língua, quando muda a forma gramatical mantendo idêntico o significado da frase, seja na passagem, ou tradução, de uma língua para outra, segundo as regras que são próprias a cada uma delas. Os enunciados "Paulo ama Maria" e "Maria é amada por Paulo" têm formas diversas mas o mesmo significado, e, portanto, exprimem a mesma proposição; o mesmo ocorre com essa própria proposição que, respectivamente, nas línguas francesa, inglesa e alemã, exprime-se com os enunciados "Paul aime Marie", "Paul loves Mary" e "Paul liebt Marie". O mesmo enunciado, ao contrário, pode ter significados diversos e, portanto, exprimir proposições diversas em contextos lingüísticos diversos. Assim, se digo "burro" em um restaurante italiano, estou pedindo que me tragam manteiga; se pronuncio a mesma palavra em um restaurante espanhol, estou chamando o garçom de burro.

Com relação à função, é comum distinguir três tipos de proposição: as proposições descritivas, as expressivas e as preceptivas. As proposições descritivas (ou assertivas, ou informativas) destinam-se a fornecer informações; as proposições expressivas (ou apreciativas ou avaliativas) destinam-se a comunicar estados de ânimo; as proposições preceptivas (ou prescritivas) destinam-se a influir no comportamento de outrem para modificá-lo. Esses três tipos de proposições não exaurem, na verdade, o universo do discurso. Em primeiro lugar, não há dúvida de que as proposições avaliativas, com as quais são formulados os juízos de valor, se identificam com as proposições expressivas, com as quais se exprimem estados de ânimo. Em segundo lugar, fica excluída pelo menos uma categoria de proposições de grande importância na vida do direito, que é justamente a das proposições que John L. Austin chamou de performativas (ou operativas, ou constitutivas): o "sim" dito pelos noivos, as palavras com que Fulano promete pagar a Sicrano uma certa soma em prazo preestabelecido, a declaração pela qual o locador rescinde o contrato com o inquilino não podem ser inseridos em nenhum dos tipos de proposição examinados, assim como também não se pode inserir em nenhum outro tipo a proposição segundo a qual alguém, em conformidade com as normas sociais vigentes, cria relações de pretensão ou de obrigação, ou das quais derivem expectativas ou responsabilidades.

É justamente o caso de considerar que a classificação aqui exposta se refere exclusivamente à função atribuída às proposições e prescinde da forma gramatical que elas possam assumir. Na verdade, uma proposição prescritiva pode ser expressa, por exemplo, não só pela forma imperativa ("Abra a porta!"), mas também pela forma indicativa ("Ao pai e à mãe sucedem os filhos legítimos em partes iguais") ou exclamativa ("Atenção!") ou interrogativa ("Você me daria um cigarro?").

Ressalte-se que é próprio das proposições descritivas, e somente delas, serem verdadeiras ou falsas, conforme descrevam ou não um conteúdo de experiência correspondente ao seu significado, ou seja, que descrevam um estado de coisas efetivamente existente. Assim, a proposição "Está chovendo" é verdadeira se, e somente se, aqui, neste momento, estiver chovendo. Para as proposições prescritivas não se coloca o problema de verdade ou falsidade. O preceito "Ama o teu próximo" pode ser válido ou inválido (por exemplo, conforme o sujeito do qual emana seja provido ou não de autoridade), eficaz ou ineficaz (conforme o comportamento dos destinatários esteja de acordo ou não com o conteúdo do preceito), justo ou injusto (dependendo do valor intrínseco que se atribua ao próprio preceito), mas não pode ser nem verdadeiro nem falso. Esses aspectos da linguagem normativa serão examinados no devido tempo.

Antes de prosseguirmos, é preciso lembrar que a qualificação, aqui adotada, das normas jurídicas como proposições prescritivas (ou imperativos), apesar de ser a mais utilizada, não é aceita universalmente pelos juristas. Basta lembrar a teoria que reconhece nas normas jurídicas juízos hipotéticos. Foi Zitelmann, em polêmica com Thon, quem expôs a idéia de que toda proposição jurídica se resolve em um juízo hipotético; e o juízo é "uma asserção sobre uma relação já existente", e não um imperativo. Essa teoria foi acolhida num primeiro momento por Kelsen, o qual ressaltou que a norma jurídica tem caráter não apenas de comando, mas de juízo hipotético, e exprime a relação entre um fato condicionante e uma conseqüência condicionada. A norma jurídica apresenta-se, de fato, na forma "Se A é, deve ser B" ("Se matas, deves ser morto"), em que A é a condição, ou o ilícito, e B é a conseqüência, ou a sanção. Observe-se, todavia, que a relação de conexão que une a condição à conseqüência das normas jurídicas não é a relação de causalidade própria das leis científicas, mas uma relação específica que o próprio Kelsen chama de imputação. A lei científica diz: "Se A é, deve (*muss*) ser B", no sentido de que B é a conseqüência necessária de A. A lei jurídica diz, por sua vez, que "Se A é, deve (*soll*) ser B", no sentido de que B é a conseqüência que A incorpora à própria norma. Pode-se dizer, em outras palavras, que enquanto a lei científica reflete o ser das coisas, a lei jurídica implica um dever ser. Dessa diferença entre ordem física e ordem normativa, entre causalidade e imputação, decorre a natureza profundamente diversa das duas leis. A lei científica que exprime o ser é uma proposição descritiva, que visa nos informar a respeito de uma determinada realidade; por sua vez a lei jurídica, que coloca um dever ser, é uma proposição prescritiva que visa influir em nosso comportamento. Note-se, aliás, que em suas obras o próprio Kelsen modificou mais tarde o seu ponto de vista anterior, reconhecendo que as normas jurídicas não são propriamente juízos, mas imperativos, ou melhor, imperativos hipotéticos. Kant também havia reconhecido um critério distintivo entre moral e direito justamente no fato de que os imperativos da moral são incondicionados (ou, como ele os chama, "categóricos"), enquanto os imperativos jurídicos são apenas hipotéticos.

14. Imperativos, conselhos e instâncias. Obrigações, proibições e permissões

Entre as proposições prescritivas – que, como sabemos, visam influir no comportamento dos outros – distinguem-se, quanto à força vinculante, os imperativos, os conselhos e as instâncias. Os imperativos geram uma obrigação na pessoa à qual se dirigem; nenhuma obrigação cabe, por sua vez, aos destinatários dos conselhos e das instâncias, que têm, portanto, pouca força se comparados aos imperativos. Se a formulação típica dos imperativos é "Eu quero e tu deves", a dos conselhos é "Tu deverias" e a das instâncias é "Eu gostaria". Se o imperativo institui uma relação entre um poder e um dever, no conselho o que menos importa é o dever, na instância o que falta é o poder. Uma determinada categoria de conselhos é constituída pelos pareceres que certos órgãos públicos têm a faculdade de requerer (pareceres facultativos) ou são obrigados a requerer (pareceres obrigatórios) a outros órgãos, ditos consultivos, antes de deliberar: no caso, o órgão deliberante pode abster-se de tomar medidas, mas, se quiser fazê-lo, não pode afastar-se do parecer manifestado pelo órgão consultivo, fala-se, portanto, de parecer vinculante. Uma determinada categoria de instâncias é constituída pelos recursos voltados a uma autoridade pública, a qual tem a obrigação de prover, seja acolhendo-os, seja rejeitando-os: a falta de exame do recurso equivale à sua rejeição tácita, o que implica a experimentação de ulteriores remédios. Dos conselhos, por fim, distinguem-se as exortações e, das instâncias, as súplicas, sendo que tanto as exortações quanto as súplicas recorrem a sentimentos e a emoções, constituindo o típico exemplo de uma linguagem composta prescritivo-emotiva.

Objeto dos imperativos podem ser tanto as ações quanto as omissões. Remonta a Thomasius o entendimento de que, enquanto a moral consistiria em uma série de comandos positivos, o direito resultaria, ao contrário, de uma série de proibições. Segundo Thomasius, a moral determina que se faça o bem (*honeste vivere*), e o direito que se faça o mal (*neminem laedere*); a máxima fundamental da moral seria "Faça aos outros aquilo que gostarias que te fizessem", a máxima fundamental do direito seria "Não faça aos outros aquilo que não gostarias que te fizessem". Na verdade, essa teoria seria verdadeira se a função do direito fosse apenas a de tornar possível a coexistência de uma multiplicidade de indivíduos, porque para isso bastariam efetivamente algumas obrigações negativas; no entanto, o direito tende, também, a realizar a cooperação recíproca entre os homens, e para a atuação dessa segunda função, não menos indispensável que a primeira e, aliás, em contínua expansão nas sociedades mais desenvolvidas, são necessárias também as obrigações positivas.

De qualquer maneira, todos os ordenamentos jurídicos contêm normas que impõem obrigações (imperativos positivos) e normas que estabelecem proibições (imperativos negativos). Mas, ao lado dessas normas existem outras que contêm permissões. A permissão pode ser positiva (permissão para fazer) ou negativa (permissão para não fazer): a permissão positiva é a negação de uma proibição; a permissão negativa é a negação de uma obrigação. A relação entre essas quatro figuras deônticas pode ser assim resumida:

– à obrigação (imperativo positivo) corresponde a fórmula "A deve B" (ou seja, o sujeito A deve cumprir a ação B);

– à proibição (imperativo negativo) corresponde a fórmula "A deve não-B" (ou seja, o sujeito A deve omitir-se, isto é, abster-se de cumprir a ação B);

– à permissão positiva corresponde a fórmula "A não deve B" (ou seja, o sujeito A pode cumprir a ação B);

– à permissão negativa corresponde a fórmula "A não deve não-B" (ou seja, o sujeito A pode omitir a ação B).

Houve quem colocasse em dúvida o caráter imperativo das normas permissivas (quer se trate de permissões positivas quer de permissões negativas), mas se tornou evidente que a permissão expressa por tais normas tem como conseqüência um comando: em particular, as permissões positivas servem para ab-rogar ou limitar uma proibição anterior, enquanto as permissões negativas servem para ab-rogar ou limitar uma obrigação anterior. Ao limitar ou introduzir uma exceção na obrigatoriedade das normas, ou ab-rogar absolutamente as normas que estabelecem obrigações ou proibições, as normas permissivas também não deixam de ter uma substancial eficácia imperativa.

15. Os imperativos condicionados

Aqueles que refutam a teoria imperativista das normas jurídicas ressaltam que nem todas as normas compreendidas num ordenamento jurídico são imperativos: uma série de normas, tais como as permissivas, declarativas, instrumentais, finais etc., não poderiam ser abrangidas no conceito de comando. Já falamos a respeito das normas permissivas e da sua essencial eficácia imperativa. Examinaremos, a seguir, as outras espécies de normas em questão.

Consideremos, primeiro, as chamadas normas declarativas (ou explicativas), aquelas que contêm definições de vocábulos ou de conceitos. O art. 74 do Código Civil nos oferece um exemplo de norma declarativa. Ele assim dispõe: "O parentesco é o vínculo das pessoas que descendem de uma mesma estirpe." Tal definição, se estivesse em um dicionário, teria valor puramente lexical, ou seja, indicaria com qual significado o termo "parentesco" é usado em uma determinada área lingüística. Contida em um código, a mesma definição adquire o que se chama de caráter estipulatório, isto é, indica qual significado o legislador entende dar à palavra "parentesco". Enquanto procede do legislador, tal definição traz um significado de comando, que tem nele o próprio objeto – toda vez que recorrer na lei aquela determinada palavra ou expressão deve ser entendida do mesmo modo. Deve atribuir-se o caráter de norma declarativa à chamada interpretação autêntica, ou seja, à interpretação de uma norma feita pelo próprio objeto que a emanou.

Passemos, agora, ao exame das normas instrumentais. Assim são chamadas as normas que não impõem aos destinatários a obrigação de realizar determinados atos, mas prescrevem as modalidades que os sujeitos devem observar, se quiserem alcançar determinados fins. A lei não obriga ninguém a fazer testamento, mas estabelece as modalidades que devem ser respeitadas caso uma pessoa queira dispor validamente, por testamento, dos seus bens quando da sua morte. Às normas instrumentais contrapõem-se às normas finais, ditas também programáticas, as quais estabelecem o fim a ser alcançado, mas deixam à discrição do destinatário a escolha dos meios. São normas programáticas muitas das disposições contidas na nossa Constituição, as quais demandam ao legislador ordinário a escolha dos meios para o atingimento de certas finalidades: "A lei – diz, por exemplo, o art. 41 – determina os programas e os controles adequados para que a atividade econômica possa ser dirigida e coordenada para os fins sociais." Igualmente programáticas são as chamadas diretrizes emanadas dos órgãos comunitários das entidades supranacionais, como a Comunidade Econômica Européia, as quais estabelecem certos fins que devem ser perseguidos pelos estados-membros, deixando para cada governo a responsabilidade da escolha dos meios mais convenientes. Não parece que o caráter imperativo dessas normas possa ser colocado em dúvida. Quanto às normas instrumentais, pode-se observar que, se é verdade que delas emanam ônus e não obrigações (cf. § 31), é também verdade que nelas o elemento do comando não está ausente, mas age de modo condicionado, ou seja, no caso em que o sujeito decide realizar determinadas ações; quanto às normas finais, seu caráter imperativo depende da própria obrigatoriedade do fim prescrito. Pode-se notar que, nas normas instrumentais, o atingimento do fim é deixado à discrição do interessado, enquanto a adoção dos meios aptos a consegui-lo é obrigatória; nas normas finais, por sua vez, o fim a ser alcançado é obrigatório, enquanto a escolha dos meios é livre.

As normas supletivas e as dispositivas também funcionam como imperativos condicionados. Normas supletivas são aquelas que estendem sua eficácia na ausência de vontade específica das partes: o art. 1.575 do Código Civil, por exemplo, estabelece que, quando as partes não tiverem determinado a duração da locação, fica ela convencionada por um ano, no caso de haver por objeto casas sem decoração de móveis, ou imóveis para o exercício de uma profissão, de uma indústria ou de um comércio. Normas dispositivas são aquelas que estendem sua eficácia quando as partes não queiram derrogar a regulamentação prevista pela lei caso tal derrogação seja consentida: tais são, por exemplo, segundo o art. 1.110 do mesmo código, as normas reguladoras da comunhão, as quais se aplicam se o título ou a lei não dispuserem de outra forma. Ambas as espécies de normas, como de resto as normas instrumentais em geral, apresentam-se como imperativos condicionados, tendo presente que a condição de eficácia das normas instrumentais é a iniciativa de um sujeito que decide realizar um determinado ato, por exemplo, uma compra e venda ou um testamento, enquanto a condição de eficácia das normas supletivas e dispositivas é uma falta de escolha, em síntese, é a inércia do interessado. As normas jurídicas as quais não é lícito às partes derrogar, chamam-se, por isso mesmo, normas inderrogáveis (ou imperativas, ou cogentes, ou taxativas).

16. Normas gerais e normas individuais; normas abstratas e normas concretas

Outras duas importantes distinções que concernem à forma das normas jurídicas são aquelas entre normas gerais e normas individuais de um lado, e normas abstratas e normas concretas, de outro.

Generalidade e abstração não são sinônimos, uma vez que a primeira se refere ao destinatário da norma, e a segunda ao objeto da prescrição (ou, o que é o mesmo, à ação prescrita). Normas gerais são aquelas voltadas a toda uma classe de sujeitos que se encontram na mesma situação; normas abstratas são as que regulam toda uma classe de ações que tenham o mesmo conteúdo. Ao normas individuais, por outro lado, são aquelas voltadas a um determinado sujeito e normas concretas, as que regulam uma ação específica. Às normas individuais dá-se também o nome de comandos (ou ordens).

Até há algumas décadas era comum o entendimento de que apenas as normas gerais e abstratas – que são geralmente as leis e outros atos havidos por força de lei – eram propriamente normas jurídicas. É mérito de Kelsen ter feito justiça a esse "prejuízo legislativo", deixando claro que também são normas jurídicas os comandos individuais contidos nas sentenças dos juízes e nos atos administrativos, e até mesmo aquelas regras de comportamento que se originam de um contrato validamente estipulado e que, como expressa o art. 1.372 do Código Civil, "tem força de lei entre as partes". Na verdade, a generalidade e a abstração caracterizam habitualmente, mas não necessariamente, as normas de nível legislativo, e o entendimento de que essas sejam características essenciais das normas jurídicas, identificadas com as normas legislativas, tem uma raiz ideológica. Tal entendimento exprime, de fato, as exigências de justiça que se julga devem realizar-se mediante o instrumento jurídico: particularmente, o princípio de generalidade responde a uma exigência de igualdade. É por isso que se requer que a lei trate do mesmo modo todos aqueles que se encontrem na mesma situação. Por outro lado, a abstração exprime a exigência da certeza do direito, razão pela qual se requer que, a cada vez que se verifiquem situações jurídicas conformes a um certo tipo (ou caso), sejam elas seguidas das mesmas conseqüências jurídicas.

Ressalte-se, porém, que, de fato, nem todas as normas legislativas são gerais e abstratas. Como exemplo de norma legislativa individual pode-se citar a primeira das disposições transitórias da Constituição, a qual estabeleceu que, com sua entrada em vigor, o chefe provisório de Estado exerceria as funções de presidente da República, assumindo esse título. Um exemplo de norma legislativa concreta nos é oferecido pela décima oitava norma transitória da Constituição, que obrigou o chefe provisório de Estado a promulgar a Constituição dentro de cinco dias da sua aprovação por parte da assembléia constituinte.

17. Preceito e sanção

Já sabemos como toda forma de controle social, do qual o direito constitui uma espécie, pode reduzir-se a um esquema típico, segundo o qual a um determinado comportamento de um sujeito corresponde uma certa conseqüência. Por isso, a estrutura da norma jurídica também pode ser representada pela conhecida fórmula "Se A é, deve ser B", advertindo-se que a relação entre o evento condicionante A e a conseqüência B não é uma relação de implicação (lógica) ou de causalidade (natural), mas, como se diz em termos kelsenianos, de imputação: ou seja, essa relação não exprime um ser (*Sein*), mas um dever ser (*Sollen*), não nos diz tudo o que acontece caso se verifique o evento condicionante A, mas o que deve ser feito.

A norma jurídica é composta, portanto, de dois elementos: um preceito e uma sanção. O preceito é constituído pelo modelo de comportamento prescrito, a sanção é constituída por um tratamento aflitivo (ou seja, pela privação de um bem: vida, liberdade, bens materiais etc.) que o ordenamento jurídico relaciona a um comportamento que constitui violação do preceito e que se qualifica como ilícito. Nem sempre os dois elementos resultam contextualmente enunciados. Às vezes, o preceito está contido em uma disposição, e a sanção em outra: assim, o art. 143 do Código Civil impõe aos cônjuges o dever de coabitação, enquanto a sanção relativa (que faz com que a obrigação seja jurídica), prevista no art. 570 do Código Penal, pune o abandono do domicílio conjugal. Outras vezes, o preceito resulta simplesmente do fato de que está prevista uma sanção. A lei diz: "Aquele que provocar a morte de um homem será punido com reclusão não inferior a vinte e um anos" (art. 575 do Código Penal) e pela existência da sanção extrai-se o preceito: "É proibido provocar a morte de um homem." Vale lembrar que o que distingue as sanções jurídicas das não-jurídicas não é tanto a natureza de tais sanções ou a possibilidade de que sejam aplicadas com a força (elementos que elas têm em comum com algumas sanções sociais), mas a sua modalidade de aplicação: de fato, para as sanções jurídicas, ela não é entregue à iniciativa e ao arbítrio dos indivíduos, mas é, no sentido já explicado, institucionalizada (cf. § 10), ou seja, confiada a órgãos públicos especiais, os quais devem ater-se a regras precisas acerca da qualidade e da importância das mesmas sanções e às modalidades da sua aplicação e execução.

Observe-se, a esse respeito, que o modelo que vê na norma jurídica o encontro de um preceito e de uma sanção pode ser acolhido sob a condição de que os termos "preceitos" e "sanções" sejam entendidos em sentido muito amplo, de forma que, seguindo a proposta de Engisch, parece mais exato falar de fato-tipo (prótase) e de conseqüência jurídica (apódose), em vez de preceito e de sanção. Isso por dois motivos: em primeiro lugar, porque nem sempre o evento condicionante A é constituído por um comportamento humano consciente e responsável; em segundo lugar, porque nem sempre a conseqüência condicionada B consiste em um tratamento aflitivo.

Sobre o primeiro aspecto, é fácil constatar que o ordenamento jurídico não relaciona efeitos jurídicos somente a eventos alusivos (imputáveis) à consciência e à vontade de um sujeito. É comum distinguir fatos jurídicos de atos jurídicos (a categoria mais importante dos quais é constituída pelos negócios jurídicos), considerando os primeiros como fatos puramente naturais, e relacionando os segundos à conduta consciente e intencional dos sujeitos. A importância que, por suas conseqüências, esses fatos jurídicos (naturais) revestem em meio ao ordenamento jurídico é evidente: basta pensar nos direitos adquiridos simplesmente em razão do nascimento, ou aqueles cuja extinção ou transferência é a conseqüência da morte do sujeito.

Sobre o segundo aspecto, é igualmente fácil constatar como as conseqüências que certas normas relacionam a determinados comportamentos se resolvem muitas vezes na obtenção de vantagens por parte dos sujeitos que tenham tido tais comportamentos. Trata-se, algumas vezes, de atribuir faculdades ou poderes jurídicos, públicos ou privados; outras, de vantagens pessoais ou patrimoniais, relacionadas ou não aos primeiros: o adimplemento das formalidades prescritas para a realização de um ato tem como conseqüência que o ato explica a eficácia desejada por quem o realizou; a aprovação em um exame ou em um concurso dá direito a um determinado emprego em razão do qual derivam ao sujeito poderes públicos e vantagens patrimoniais privadas, a instalação de indústrias em algumas regiões subdesenvolvidas do país implica certos favorecimentos creditícios e fiscais etc. O ordenamento jurídico, assim como os outros instrumentos do controle social, vale-se não só da técnica dissuasória (por meio de sanções que chamaremos negativas, porquanto consistem na privação de um bem), mas também da técnica promocional (por meio das sanções que chamaremos positivas, porquanto consistem na atribuição de vantagens); e um exame da atual situação da legislação nos países mais desenvolvidos parece sustentar a previsão de que a técnica sancionatória promocional está destinada a ampliar-se em relação àquela dissuasória, sobretudo em conseqüência das novas funções que o Estado vem assumindo como órgão de promoção social.

Uma classificação das sanções positivas torna-se extremamente difícil, tão numerosos os meios de incentivo utilizados pelas estruturas públicas. Quanto às sanções negativas, elas costumam ser divididas com base na natureza do bem sobre o qual recaem ou com base na função que exercem. No primeiro critério distinguem-se as sanções patrimoniais, que alcançam justamente o patrimônio do autor do ilícito, e as sanções pessoais, que recaem diretamente sobre a sua pessoa, e vão desde a cominação de certas incapacidades e da limitação da liberdade pessoal até a pena de morte. No segundo critério, distinguem-se as sanções reparatórias que tendem a eliminar o dano cometido por meio da restauração, se possível, da situação jurídica anterior ao cometimento do ilícito, ou então mediante indenização, e as sanções retributivas que consistem em um castigo infligido correspondente à violação do preceito.

Na esfera conceitual das sanções (negativas) alguns autores colocam as nulidades (e certas figuras afins, como a anulabilidade, a decadência etc.). Por nulidade entende-se a inidoneidade do ato jurídico para alcançar seus efeitos (negociais ou não), posto a inobservância das formas prescritas para a sua realização. Ressalte-se, todavia, que as nulidades podem situar-se entre as sanções somente se forem conseqüência da inobservância das chamadas normas instrumentais (cf. § 15), que não impõem a obrigação de realizar determinados atos, mas estabelecem as modalidades a serem observadas caso se deseje alcançar determinados fins: a natureza sancionadora da nulidade consistiria, neste caso, no não-atingimento desses fins, como conseqüência da não-utilização dos meios juridicamente idôneos para realizá-los. Diferente é o caso em que um sujeito, por exemplo um funcionário público (administrador, juiz, tabelião etc.), tenha o dever jurídico de cumprir determinados atos: nessa hipótese a nulidade desses atos por inobservância das modalidades previstas para a sua realização não tem em si um caráter propriamente sancionador do comportamento omissivo do funcionário público, ainda que possa ser levada em consideração pela lei para a aplicação de sanções de vários gêneros, sejam retributivas ou ressarcitórias. Observe-se, todavia, que as nulidades diferem de qualquer outro tipo de sanção: essas últimas pressupõem que a ordem jurídica tenha sido violada (isto é, que tenha sido cometido um ilícito), enquanto as primeiras, sancionando a ineficácia jurídica dos atos praticados sem a observância das formas prescritas, impedem que a ordem jurídica seja violada (fala-se, nesse caso, de sanções preclusivas).

Entre as sanções retributivas ocupam um lugar particularmente importante as sanções penais (ou penas), que podem ser tanto patrimoniais (confisco, indenização, multa), quanto pessoais (perda do pátrio poder, interdição para o serviço público, arresto, reclusão, prisão perpétua, pena de morte). Sobre o fundamento das sanções penais foram formuladas três teorias: a primeira, chamada da teoria da retribuição, vê nela um castigo para o mal cometido (o *malum passionis* como correspondente do *malum actionis*); a segunda, chamada de teoria da correção, considera a pena como um instrumento de reeducação do delinqüente, tendo em vista a sua recuperação pela sociedade; a terceira, chamada de teoria da defesa (ou da intimidação), vê na pena a contrapartida ao delito, oferecendo ao potencial delinqüente, na falta de outras causas, uma motivação válida para ter um determinado comportamento. Na realidade, essa última teoria é a que melhor interpreta a efetiva função da pena como técnica dissuasória do controle social. Que a pena se resolva em concreto na punição do culpado é um fato; que deva tender à reeducação do culpado e à sua reinserção na sociedade é um objetivo altamente desejável e, aliás, prescrito no art. 27 da nossa Constituição; trata-se, todavia, de elementos puramente eventuais diante da função proeminente da pena que, vale repetir, é a de refrear os homens da violação à lei mediante a ameaça de um mal que será infligido ao autor da violação.

18. Normas primárias e normas secundárias

Por normas primárias consideram-se aquelas normas que contêm preceitos e por normas secundárias aquelas que prevêem uma sanção, caso as primeiras não sejam observadas. É tradicional o entendimento de que os destinatários das normas primárias são todos os cidadãos (ou pelo menos aqueles que se encontrem em determinadas situações; por exemplo, que tenham contraído uma obrigação ou que tenham atingido a idade requerida para a prestação do serviço militar), enquanto destinatários das normas secundárias são os órgãos públicos encarregados de fazer respeitar as primeiras. Tal distinção foi recusada por Jhering. Ele sustentou que os destinatários das normas jurídicas são somente os órgãos públicos encarregados de fazê-las respeitar, e não os cidadãos: nenhuma obrigação surgiria para os indivíduos pela simples existência de uma lei; a obrigação surgiria somente para os órgãos do Estado chamados a aplicar a sanção no caso de a lei ser violada. Essa tese encontrou certo êxito e chegou a influenciar Kelsen, o qual, colocando a tônica sobre o aspecto sancionador do direito, propôs chamar de normas primárias aquelas que estabelecem as sanções, e normas secundárias aquelas que contêm o preceito, cuja violação aciona o mecanismo da sanção.

O problema da distinção entre normas primárias e normas secundárias – e aquele, relacionado, dos destinatários das normas – é, de fato, um problema malcolocado. Na verdade, preceito e sanção não são duas normas (ou dois tipos de norma), mas os aspectos complementares de uma mesma norma, a qual, como já mencionamos, compõe-se exatamente de dois elementos: um preceito e uma sanção. A norma jurídica é, por definição, um preceito sancionado: privado de sanção (entenda-se, institucionalizada), o preceito não seria jurídico; privada do preceito, a sanção não teria sentido.

Todavia, o problema reflete um dado bem evidenciado por Herbert L. Hart: não existe um único tipo de norma. Existem normas que regulam diretamente a conduta dos consociados, que têm por objeto imediato tal conduta; mas existe um segundo tipo de normas cujo objeto não é constituído, pelo menos de imediato, pela conduta dos consociados, mas por outras normas. Essas "normas sobre normas" têm por fim a conservação do sistema normativo ou sua transformação: estão voltadas à conservação do sistema as normas direcionadas a assegurar a aplicação das sanções em prejuízo dos transgressores dos preceitos jurídicos; estão voltadas à transformação do sistema as normas direcionadas a regular a produção de novas normas jurídicas. As normas do primeiro tipo são chamadas normas de comportamento (ou de conduta); as do segundo tipo, normas de organização (ou de estrutura, ou de competência). É uma norma de comportamento, por exemplo, aquela que estabelece a proibição de trânsito em uma determinada via; são normas de organização, seja a que designa o órgão competente para estabelecer essa proibição de trânsito e determina as modalidades pelas quais tal providência deve ser emanada, seja a norma que designa o órgão competente para aplicar as sanções previstas para os transgressores da proibição dita há pouco e regular as modalidades de aplicação dessas sanções.

As denominações "norma de comportamento" e "norma de organização" não devem, todavia, induzir em erro, já que as normas de organização têm por objeto, embora mediatamente, comportamentos, e, mais precisamente, o comportamento daqueles sujeitos aos quais é confiada a criação de novas normas ou a aplicação das sanções. Nada impede, porém, que as normas de conduta possam chamar-se normas primárias, e que as normas de organização (que são normas sobre normas, e, portanto, normas de segundo grau), normas secundárias.

Alguns afirmam que a norma de comportamento impõe deveres, enquanto as de organização atribuem poderes, mas isso é inexato, uma vez que, por um lado, as normas de comportamento também podem atribuir aos destinatários direitos e faculdades (basta pensar no direito de preferência que cabe a quem circula nas vias de grande comunicação) e, por outro lado, o conceito de obrigação, como veremos (cf. § 31), não é estranho à noção de poder. Igualmente é necessário rechaçar a opinião de quem é levado a identificar as normas de conduta com as normas de direito privado, e as normas de organização com as de direito público: na verdade, as normas sancionadas penalmente, que são as normas de conduta, têm inegável natureza publicista, enquanto as normas de organização, como as que regulam justamente a organização da sociedade por ações, entram no âmbito do direito privado.

19. Normas de direito público e de direito privado

Das grandes dicotomias de que tradicionalmente se ocupam os juristas, talvez a mais importante e, certamente, a mais discutida, é a que distingue todo o direito (positivo) em direito público e direito privado. Ela remonta à jurisprudência romana, que estabeleceu o critério de distinção entre os dois ramos do direito na *utilitas*, segundo a célebre definição de Ulpiano: "*Publicum ius est quod ad statum rei Romanae spectat, privatum quod ad singulorum utilitatem*", em que, obviamente, "romano"significa "público". O critério da utilidade, embora usado também na época moderna, não parece todavia idôneo para justificar a distinção entre direito privado e direito público, seja pela dificuldade conceitual e prática de separar de forma precisa o interesse dos particulares dos interesses da coletividade, seja porque o Estado, ao julgar um interesse privado merecedor de tutela jurídica, mostra *ipso facto* assumi-lo como um interesse próprio.

Essa é a razão pela qual, em tempos mais recentes, andou-se à procura de outros critérios que pudessem justificar a distinção. Pouco êxito obteve a tentativa de identificar o direito público com o direito objetivo (*norma agendi*) e o direito privado com o direito subjetivo (*facultas agendi*). Objetou-se, de fato, que direito objetivo e direito subjetivo não são duas espécies do gênero "direito", uma vez que o direito subjetivo não é senão uma maneira de armar-se do próprio direito objetivo, no momento em que esse dependa da manifestação de vontade de um sujeito (titular do direito) para acionar o mecanismo da sanção (cf. § 31) – sem dizer que esse critério acabaria por subverter a distinção, geralmente aceita, entre direitos subjetivos privados e direitos subjetivos públicos.

A outra teoria é a que identifica a distinção entre direito público e direito privado com aquela entre as normas às quais é lícito às partes derrogarem e normas cuja observância é, ao contrário, taxativa (cf. § 15). Estamos, porém, diante da dificuldade constituída em razão da existência de normas muito numerosas como, por exemplo, no campo do direito de família e no do direito do trabalho, que são indiscutivelmente de direito privado e, todavia, não são derrogáveis pelas partes. Procurou-se superar tal dificuldade, embora artificiosamente, com a criação de um *tertium genus*, o das normas (de direito privado, mas) de ordem pública, compreendida essa expressão não com referência à incolumidade e à segurança públicas, mas precisamente como o conjunto de normas que, embora regulando relações privadas, são subtraídas à liberdade negocial, enquanto realizam princípios e valores que o ordenamento jurídico considera essenciais.

Mais difundida é a teoria que identifica o critério de distinção entre direito público e direito privado na posição dos sujeitos entre os quais se estabelece uma relação jurídica: em particular, se os sujeitos da relação se colocam em pé de igualdade (ou de coordenação), está-se no campo do direito privado; se, ao contrário, um dos sujeitos está provido de poderes de império (por exemplo, o Estado ou outra entidade pública territorial) e o outro sujeito se encontra, em relação ao primeiro, em um estado de sujeição (ou subordinação), está-se na área do direito público. No entanto, nem mesmo esse critério parece decisivo, pelo menos por duas razões: *a)* em primeiro lugar, porque é possível que o Estado ou outra entidade pública aja não como sujeito provido de império, mas como sujeito particular, dando vida a relações de direito privado (estipulando, por exemplo, contratos de locação, de administração etc.); *b)* em segundo lugar, porque as relações entre sujeitos públicos de um mesmo grau (por exemplo, entre os mais comuns os que constituem uma sociedade) são indiscutivelmente de direito público, posto que não existe entre os sujeitos uma relação de supremacia-subordinação.

Uma teoria mais recente identifica o direito privado com as normas de conduta que prescrevem comportamentos e o direito público com as normas de organização que atribuem competências (cf. o § anterior). Mas aqui também é fácil objetar que, apesar de o direito penal ser constituído de normas de conduta, ele faz parte do direito público; ao contrário, apesar de as normas sobre a administração e sobre a representação das sociedades por ações serem normas de organização elas recaem no campo do direito privado.

As dificuldades mencionadas dão razão àqueles que, como Kelsen, negam que a distinção tenha validade científica: essa, de fato, longe de conotar duas espécies essencialmente diferentes do gênero "direito", coloca-se sobre um plano de relatividade histórica e tem um significado meramente ideológico, ligado à consagrada prevalência do direito público sobre o direito privado como expressão da supremacia do poder político sobre a autonomia negocial dos particulares. Essa supremacia, que Bacon bem compreendeu quando escreveu que "*ius privatum sub tutela iuris publici latet*", concretiza-se na regra da inderrogabilidade, por parte dos particulares, das normas às quais se atribui um estatuto de direito público – regra, aliás, já observada pela jurisprudência romana, a qual afirmou o princípio segundo o qual "*ius publicum privatorum pactis mutari non potest*" (Papiniano).

Compreende-se que a linha de demarcação entre os dois "direitos" varia historicamente, de acordo com a extensão que se queira atribuir à esfera de competência do poder político com relação àquela deixada à autonomia dos particulares. Não é raro que determinadas relações, mesmo que de direito público, se transformem em relações de direito privado, e vice-versa: basta pensar, por exemplo, na descriminalização do adultério e do concubinato que, ainda assim, continuam a ter relevância jurídica na questão relativa à separação por culpa de um dos cônjuges e, em sentido oposto, à publicização das normas sobre as garantias em questões relativas ao trabalho, outrora meramente facultativas e agora absolutamente automáticas. Compreende-se como, no limite, a distinção seja negada por quem, detentor de uma concepção totalitária do Estado, reduz todo o direito a direito público e, por razões opostas, por quem, inspirando-se em uma concepção exasperadamente individualista, afirma, como Kant, que todo o direito é direito privado e que ao Estado não cabe outra função a não ser a de assegurar *armata manu* o respeito aos direitos dos particulares.

20. Validade, eficácia e valor das normas jurídicas

Já observamos que, enquanto para as proposições descritivas coloca-se o problema da sua verdade ou falsidade, para as proposições prescritivas (das quais as normas jurídicas constituem uma espécie) esse problema não ocorre. Se faz sentido perguntar-se se a proposição descritiva "a porta está fechada" é verdadeira ou falsa, não faz nenhum sentido perguntar se é verdadeira ou falsa a proposição prescritiva "feche a porta!" Com relação a esse último tipo de proposição, surgem outros problemas de qualificação: são os problemas relativos à validade, à eficácia e ao valor das normas.

Comecemos pelo primeiro. Uma norma é válida se está em conformidade com normas de produção próprias do sistema normativo da qual faz parte. Em particular, a validade de uma norma jurídica, como melhor veremos a seguir (cf. § 22), depende da sua conformidade com as normas de grau superior que disciplinam a produção das normas jurídicas. A validade de uma norma equivale à sua existência: isto é, uma norma existe como tal somente enquanto for válida; não é valida, portanto, uma norma que tenha sido ab-rogada, ou uma norma que não tenha exaurido o seu *iter* produtivo (um projeto de lei ainda em discussão no Parlamento, uma sentença ainda não transitada em julgado, um provimento administrativo à espera da aprovação por parte da autoridade encarregada, um contrato não-aperfeiçoado etc.) e ainda menos válida uma norma da qual se pretenda simplesmente a adoção (ou, como se diz, de *jure condendo*, em contraposição às normas válidas, ou *de jure condito*).

A eficácia da norma consiste na conformidade da conduta dos destinatários ao modelo prescrito. Já sabemos como a observância das normas jurídicas conta, sobretudo, com a adesão espontânea dos destinatários, e que, todavia, elas devem poder contar, em última instância, com um aparato coercitivo que, de fato, reforce a sua eficácia, cominando e aplicando sanções em prejuízo dos transgressores. Se uma norma não é observada espontaneamente pelos destinatários, e se os transgressores de um modo geral não são alcançados pela sanção prevista, essa norma é manifestamente ineficaz.

Por fim, o valor de uma norma jurídica consiste na sua conformidade àqueles princípios ideais julgados necessários para regular as relações intersubjetivas e que se resumem na noção de justiça (cf. capítulo V). Com relação ao seu valor, uma norma pode ser justa ou injusta.

O ideal seria, obviamente, que validade, eficácia e valor coincidissem, e que toda norma válida fosse, ao mesmo tempo, justa e eficaz. Mas isso não impede que os três planos de avaliação possam não coincidir e que uma norma válida possa ser injusta, ou ineficaz, ou injusta e ineficaz ao mesmo tempo. Esse ponto de vista – que estabelece a distinção entre os três planos de qualificação acima mencionados – é o ponto de vista do positivismo jurídico, que se opõe às teorias reducionistas, ou seja, às tentativas de reduzir a validade a uma das outras qualificações.

A primeira, e a mais antiga dessas tentativas, é a de reduzir o direito válido ao direito justo, negando o caráter de juridicidade às normas que se distanciam de determinados princípios ideais de justiça. É esse o ponto de vista do jusnaturalismo mais intransigente, que, todavia, se choca com a dificuldade de determinar, com característica de objetividade e de universalidade, o que é justo ou injusto. Um critério de justiça universalmente aceito, como veremos, não existe e, por conseqüência, estabelecer uma ligação entre a validade do direito e a sua conformidade à justiça tornaria incerto o direito e precária a ordem jurídica.

A outra tentativa reducionista, bem mais recente, é a do realismo jurídico, que identifica a validade da norma com a sua eficácia. Mais precisamente, o realismo jurídico, visando determinar o que é o direito válido, não leva em consideração as normas, mas os comportamentos, e, entre esses comportamentos, considera particularmente qualificativo o dos juízes, ou seja, dos sujeitos aos quais é delegada a tarefa de aplicar as sanções. Disso resulta que uma norma é válida se, e na medida em que, é aplicada pelos juízes, ou seja, se, e na medida em que, os juízes dela se ocupam nas suas decisões. A união entre a validade de uma norma e a sua eficácia faz com que a primeira seja reduzida a uma mera relação de probabilidade, pelo que uma norma é válida na medida em que seja previsível sua aplicação por parte dos juízes. Esse ponto de vista choca-se, porém, com a objeção categórica de que os juízes, quando decidem uma controvérsia, não fazem conjecturas sobre o próprio comportamento, mas aplicam uma norma justamente porque a consideram obrigatória.

Entende-se que validade, justiça e eficácia interagem entre si: na verdade, uma norma válida será tanto mais eficaz, ou seja, será espontaneamente observada pelos destinatários ou aplicada coativamente pelos juízes, quanto mais estiver de acordo com o conceito de justiça compartilhado pela maioria dos consociados. Por outro lado, isso não prejudica a validade conceitual da distinção entre os três planos de qualificação, que, por exigência elementar de clareza, está consolidada.

Antes de concluir este parágrafo, parece oportuno destacar que a expressão positivismo jurídico é utilizada com uma pluralidade de significados que, seguindo as indicações de Bobbio, podem reduzir-se substancialmente a três: um método para aproximar-se da realidade do direito, uma teoria do direito e uma ideologia da justiça. Como método, o positivismo jurídico se apresenta como uma forma de abordagem ao estudo do direito que visa excluir, para uma consideração científica do direito como é, como vige de fato em uma determinada comunidade histórica, toda referência à sua correspondência ou, pelo menos, a um certo sistema de valores. Nessa sua acepção, o positivismo jurídico exprime a exigência de avaliabilidade que é própria da ciência em geral e que se identifica totalmente com o método próprio de um irrepreensível estudo da realidade do direito que pretenda ter validade científica; nesse significado contrapõe-se ao jusnaturalismo, mas não ao realismo jurídico. Como teoria do direito, o positivismo jurídico é caracterizado pelo estatismo, pelo formalismo e pelo coacionismo: o direito é apresentado como um ordenamento normativo tendencialmente coerente e completo, que extrai a sua validade da vontade do Estado que o estabelece e garante a sua observância mediante o uso institucional da força (coação); nesse significado, o positivismo jurídico contrapõe-se não apenas ao jusnaturalismo, mas também ao realismo jurídico. Como ideologia, entende-se por positivismo jurídico a teoria metaética da justiça que identifica o direito justo com o direito vigente (mas voltaremos a isso no § 35).

Nota bibliográfica

Sobre o capítulo todo veja N. BOBBIO, *Teoria della norma giuridica*, Giappichelli, Torino, 1958, e o artigo "Norma giuridica", in *Novissimo Digesto Italiano*, cit., vol. XI, pp. 330-37.

Sobre a classificação dos imperativos jurídicos veja N. BOBBIO, "Per una classificazione degli imperativi giuridici" (1956) e "Comandi e consigli" (1961), in *Studi per una teoria generale del diritto*, cit., pp. 11-30 e 49-78.

Sobre o § 17 veja, ainda, N. BOBBIO, artigo "Sanzione", in *Novissimo digesto italiano*, cit., vol. XVII, pp. 530-40, e "Le sanzioni positive" (1971), *in Dalla struttura alla funzione*, cit., pp. 33-42; G. LUMIA, "Controllo sociale e sanzione giuridica" (1967), in *Controllo sociale, giurisdizione e libertà*, Giuffrè, Milano, 1971, pp. 25-41.

Sobre o § 18 cf. G. GAVAZZI, *Norme primarie e norme secondarie*, Giappichelli, Torino 1967, e N. BOBBIO, "Norme primarie e norme secondarie" (1968), in *Studi per una teoria generale del diritto*, cit., pp. 175-97.

Sobre o § 19 veja N. BOBBIO, "La grande dicotomia" (1974), in *Dalla struttura alla funzione*, cit., pp. 143-63, e U. CERRONI, "Sulla storicità della distinzione tra diritto privato e diritto pubblico", in *Rivista internazionale di filosofia del diritto*, 1960, pp. 355-67.

Sobre o positivismo jurídico cf. N. BOBBIO, *Il positivismo giuridico*, lições de N. MORRA, Clut, Torino, *s.d.ma*, 1961, e *Giusnaturalismo e positivismo giuridico*, ed. di Comunità, Milano, 1965; U. SCARPELLI, *Che cosa è il positivismo giuridico*, ed. di Comunità, Milano, 1965; G. LUMIA, *Empirismo logico e positivismo giuridico*, Giuffrè, Milano, 1963; M. A. CATTANEO, artigo "Positivismo giuridico", in *Novissimo digesto italiano*, cit., vol. XIII, pp. 315-22; E. PATTARO, "Il positivismo giuridico italiano dalla rinascita alla crisi", in U. SCARPELLI, *Diritto e analisi del linguaggio*, ed. di Comunità, Milano, 1976, pp. 451-86.

Sobre as teorias jusnaturalistas veja A. PASSERIN D'ENTRÈVES, *La dottrina del diritto naturale* (1951), ed. di Comunità, Milano, 1962; G. FASSÒ, *La legge della ragione*, ed. Il Mulino, Bologna, 1964, e *Il diritto naturale*, E.R.I., Torino, 1972; P. PIOVANI, *Giusnaturalismo ed etica moderna*, Laterza, Bari, 1961; N. BOBBIO, *Giusnaturalismo e positivismo giuridico*, cit.

Para as teorias realistas cf. H. KANTOROWICZ, *La definizione del diritto* (1968), Giappichelli, Torino, 1962; K. OLIVECRONA, *Il diritto come fatto* (1939), Giuffrè, Milano, 1967, e *La struttura dell'ordinamento giuridico* (1971), Etass Kompass, Milano, 1972; A. ROSS, *Diritto e giustizia* (1958), Einaudi, Torino, 1965. Veja também G. TARELLO, artigo "Realismo giuridico", in *Novissimo Digesto Italiano*, cit., vol. XIV, pp. 923-33; S. CASTIGNONE, *La macchina del diritto. Il realismo giuridico in Svezia*, ed. di Comunità, Milano, 1974; E. PATTARO, "Il realismo giuridico come alternativa al positivismo giuridico", prefácio à edição italiana por K. Olivecrona, *La struttura dell'ordinamento giuridico*, cit.

Capítulo III

O ordenamento jurídico

SUMÁRIO: 21. O ordenamento jurídico como estrutura. – 22. As fontes do direito e a construção gradativa do ordenamento jurídico. – 23. A norma fundamental e o princípio de efetividade. – 24. A interpretação. – 25. A eqüidade. – 26. A coerência do ordenamento jurídico e o problema das antinomias. – 27. A completude do ordenamento jurídico e o problema das lacunas. – 28. A pluralidade dos ordenamentos jurídicos. – *Nota bibliográfica.*

21. O ordenamento jurídico como estrutura

As normas jurídicas nunca se apresentam sozinhas, mas organicamente ligadas em um sistema que recebe o nome de ordenamento jurídico. Um ordenamento jurídico não constitui um simples agregado de normas, colocadas por acaso uma ao lado da outra, mas aquilo que hoje é chamado, precisamente, de estrutura.

Embora o conceito de estrutura não fosse desconhecido no mundo clássico (sobre ele se encontram alguns tratados no ἐντελέκεια de Aristóteles, e a mesma palavra é usada por Vitrúvio em seu tratado de arquitetura), sua utilização no campo das ciências humanas remonta a Marx, que, como se sabe, enfatizou a interdependência dos fenômenos sociais e, partindo das estruturas de base, constituídas pelos modos de produção e pelas relações sociais que deles derivam, uniu a elas as estruturas superiores (ou superestruturas), constituídas pelos sistemas jurídicos, políticos, morais, religiosos e pelas ideologias em geral, mostrando como tais sistemas interagem entre si em um recíproco jogo de condicionamentos. Todavia, a idéia de estrutura só recentemente assumiu o significado técnico que usamos hoje e que nos permite utilizá-la como modelo de relevância interdisciplinar para a explicação dos fatos da experiência: formulada e utilizada num primeiro momento no campo da matemática para o estudo dos grupos, passou para os outros campos do saber, da física à biologia, da lingüística à antropologia.

O conceito de estrutura, no seu significado técnico, pressupõe, em primeiro lugar, a existência de uma pluralidade (ou conjunto) de elementos, e o fato de que tal conjunto constitui não um simples agregado, mas uma totalidade, no sentido de que cada um dos elementos condicione os outros, razão pela qual as propriedades do sistema se modificam a cada mudança apresentada em apenas uma de suas partes. Na estrutura não são levados em conta nem os elementos que constituem o todo, individualmente considerados, nem o todo indeterminado, embora as relações dos elementos entre si, enquanto reguladas por leis de composição, sejam justamente as leis do sistema. Em segundo lugar, a estrutura não é um sistema estático, mas uma totalidade dinâmica, na qual as leis das relações regulam também as transformações internas da estrutura, razão pela qual a identidade do sistema permanece, mesmo quando todos os outros elementos que o constituem mudam, desde que se conserve entre eles a mesma relação. Enfim, a estrutura possui em si uma capacidade de auto-regulação (ou *feedback*), em virtude da qual a própria estrutura, por meio de um jogo de antecipações e retroações (ou reações), e graças a instrumentos internos de controle, não se limita a corrigir os erros, ou desvios, mas também atua sobre eles na forma de prevenção. Portanto, as estruturas são, em um certo sentido, sistemas fechados, o que não impede, todavia, que qualquer delas possa estar incluída como subestrutura em uma estrutura mais ampla.

Ora, o ordenamento jurídico, como melhor veremos nos parágrafos seguintes, tem todas as características que fazem dele uma estrutura em sentido técnico. Na verdade:

1) O conjunto das normas que constituem o ordenamento não forma um simples agregado, mas um sistema. Efetivamente, o ordenamento é governado por algumas regras de composição, por isso os elementos do conjunto (ou seja, cada uma das normas) estabelecem entre si, e com o

todo, determinadas relações. Essas relações são de duas espécies, de coordenação e de subordinação:

(a) São, antes de mais nada, relações de coordenação, uma vez que a introdução de uma nova norma modifica o sistema todo, e cada norma extrai, por sua vez, o seu significado da sua relação com as outras normas do ordenamento.

(b) São, além disso, relações de subordinação, uma vez que as normas de um ordenamento não estão todas dispostas horizontalmente sobre um mesmo plano, numa relação de coordenação recíproca, mas estão dispostas também verticalmente, numa relação de subordinação progressiva, razão pela qual cada norma extrai a sua validade de uma norma de nível (ou grau) superior, até atingir a norma fundamental que convalida todo o ordenamento e lhe confere unidade.

2) O ordenamento jurídico não é um sistema estático, mas um sistema dinâmico; isto é, não se exaure na sua dimensão sincrônica, mas comporta uma dimensão diacrônica. Efetivamente, as próprias regras de composição do ordenamento funcionam também como regras de transformação, o que permite modificá-lo por meio da criação de novas normas, sem que por isso o próprio ordenamento mude a sua identidade.

3) Além disso, o ordenamento jurídico é dotado de uma capacidade de auto-regulação, enquanto compreende certos dispositivos destinados à própria conservação, que acionam um mecanismo coativo em cadeia, destinado a assegurar-lhe a eficácia.

4) Cada ordenamento jurídico, enfim, apresenta-se como um sistema fechado, ou seja, um ordenamento normativo auto-suficiente, cuja validade não provém de outros sistemas normativos estranhos; e isso, todavia, não exclui que o próprio ordenamento jurídico possa ser considerado uma subestrutura mais ampla, tal como é o sistema social em seu conjunto.

Se por estrutura deve-se entender, como propõe Piaget, "um sistema total de transformações auto-reguladoras", parece evidente que o ordenamento jurídico constitui, de fato, uma estrutura. A "teoria pura do direito", de Hans Kelsen, na qual essas páginas foram profundamente inspiradas, nos fornece um modelo de compreensão da experiência jurídica que se harmoniza perfeitamente com a concepção estruturalista do direito no sentido anteriormente definido.

22. As fontes do direito e a construção gradativa do ordenamento jurídico

É característico do ordenamento jurídico regular as fontes de produção das normas que o constituem, ou seja, aqueles atos ou fatos dos quais o próprio ordenamento faz depender a criação, a modificação ou a extinção das normas jurídicas: já observamos que todo ordenamento jurídico não se compõe apenas de normas de conduta (que regulam os comportamentos), mas consiste também de normas de organização (que regulam, entre outras coisas, a produção de normas). (É bom lembrar, a propósito, que das fontes de produção do direito distinguem-se as fontes de cognição, que são os documentos [códigos, textos únicos, leis etc.] dos quais aprendemos a existência e o conteúdo das normas jurídicas.)

As fontes de produção de um ordenamento e as normas por elas produzidas não estão todas colocadas sobre o mesmo plano, mas são dispostas em níveis diversos que têm entre si uma relação hierárquica de cima para baixo. Pode-se afirmar que o ordenamento jurídico se apresenta como uma construção hierárquica (ou construção gradativa: *Stufenbau*, em alemão), na qual cada norma extrai a sua validade de uma norma de grau superior e convalida, por sua vez, as normas de grau inferior.

As normas de grau superior podem limitar-se a indicar os sujeitos dos quais é exigida a criação de normas de grau inferior, delimitando sua competência no tempo, no espaço e relativamente ao objeto, mas podem também prescrever critérios materiais aos quais deve ser moldada a normatização ulterior. Então, pode-se afirmar que toda atividade nomotética (ou criativa de normas) encontra um duplo limite: um limite externo (ou de forma, ou de procedimento) nas normas de grau superior que estabelecem *por quem* e com quais modalidades um poder deve ser exercido, e um limite interno (ou de substância, ou de mérito, ou de conteúdo) nas normas, sempre de grau superior, que indiquem *como* e para quais fins aquele poder deve ser exercido. Esses limites podem ser constituídos, quer por proibições, quer por obrigações, ou seja, podem ter um conteúdo negativo, quando estabelecem aquilo que o órgão de grau inferior não pode fazer (como, por exemplo, no caso em que a Constituição italiana estabelece que a imprensa não pode estar sujeita a autorizações ou censuras: art. 21), mas podem ter um conteúdo positivo (como quando a própria Constituição estabelece que a lei deve tutelar a paisagem: art. 19).

Entende-se que uma norma é válida (ou seja, existe como norma, obriga juridicamente) se estiver de acordo com as normas de grau superior, ou seja, se respeita os limites internos e externos, positivos e negativos, que se impõem à atividade nomotética pelo órgão que a tenha emitido. Tal conformidade diz respeito, em primeiro lugar, às normas de grau superior que disciplinam a criação das normas de grau inferior: assim, uma lei é válida se for aprovada pelos dois ramos do parlamento e promulgada pelo presidente da República, segundo o que prescreve a Constituição; uma sentença é válida se for pronunciada por um juiz competente, depois de um processo regular tramitado com observância às normas previstas pelos códigos de processo; um contrato que tem por objeto a compra e venda de um imóvel é válido se estiver na forma escrita; uma doação é válida se for estipulada em ato público; um testamento hológrafo é válido se for escrito, subscrito e datado de próprio punho pelo testador; uma medida administrativa é válida se for emanada de autoridade competente e aprovada pela autoridade responsável, e assim por diante. Mas, além desses requisitos de forma, a validade de uma norma pode depender de certos requisitos de substância (ou de mérito), ou seja, da sua conformidade a certos conteúdos indicados nas normas de grau superior: assim, uma lei é inválida se contrastar com os princípios de liberdade, de igualdade e de solidariedade afirmados pela constituição; um contrato é inválido se for contrário às normas inderrogáveis previstas pela lei, ou à ordem pública, ou aos bons costumes; da mesma forma, um testamento é inválido se não levar em conta os direitos dos legitimados; um ato administrativo é inválido se violar as disposições legislativas que limitam a discricionariedade da administração; uma sentença é inválida se a decisão não estiver de acordo com a regulamentação legal da controvérsia, e assim por diante.

Em nível mais elevado estão as normas constitucionais. A constituição é a fonte maior de produção do direito. Pode resultar de um documento escrito, como acontece em nosso país, mas pode basear-se, parcial ou totalmente, em normas consuetudinárias, como acontece, por exemplo, na Grã-Bretanha; pode constar somente de normas de organização, quando se limita a determinar a composição e as competências dos órgãos dos quais é exigida a legislação ordinária, mas pode também sancionar, como faz a nossa, os princípios gerais aos quais devem se inspirar as normatizações posteriores; pode ser do tipo rígido, como a do nosso país, quando prevê um procedimento especial para a abrogação ou a modificação das próprias normas, ou do tipo flexível, como era o estatuto albertino*, quando as normas constitucionais podiam ser modificadas por leis ordinárias. Da constituição assim entendida, também chamada de constituição formal, constuma-se distinguir a constituição material, que define as relações de força existentes entre os grupos políticos que têm o efetivo exercício do poder. O con-

---

* Constituição promulgada em 08 de fevereiro de 1849 por Carlos Alberto de Savóia, que, segundo alguns autores, era cópia da Carta francesa de 1830. (N. da T.)

ceito de constituição formal é um conceito jurídico, o de constituição material é um conceito político e sociológico. Nem sempre, ou melhor, muito raramente, constituições formais e constituições materiais coincidem: na Roma do primeiro século depois de Cristo, a constituição formal indicava ainda como depositários do poder os cônsules eleitos pelos comícios das centúrias e o senado, quando, na verdade, todo o poder já estava concentrado nas mãos do imperador; nos países socialistas, as assembléias populares detêm o poder, mas o poder é exercido, de fato, pelo *praesidium* do partido comunista e, às vezes, quase que exclusivamente pelo seu secretário; em nosso país os partidos e os sindicatos assumem, de fato, grande parte do poder, enquanto o parlamento, que é seu supremo depositário, é com freqüência reduzido ao papel de um simples órgão de registro e de convalidação de uma vontade política formada fora dele.

A constituição constitui a fonte originária do direito, da qual todas as outras fontes extraem a sua validade por meio de um processo que pode ser de delegação ou de recepção. O processo de delegação consiste em transferir para determinados órgãos de grau inferior ou para determinados sujeitos qualificados pela posse de certos requisitos, o poder de emanar normas jurídicas. Constituem fontes delegadas com relação ao poder constituinte as leis emanadas do parlamento nacional e, nos limites da sua competência, aquelas emanadas dos conselhos regionais. Com referência às leis, constituem fontes delegadas os regulamentos por meio dos quais o poder executivo disciplina em detalhes a aplicação das leis; os atos pelos quais a autoridade administrativa desempenha as próprias funções nos setores de sua competência; as sentenças proferidas pelas autoridades judiciais para dirimir as controvérsias entre os demais sujeitos e para aplicar determinadas sanções.

O procedimento de recepção consiste, por sua vez, em reconhecer eficácia no interior de um ordenamento a uma norma produzida em ordenamento diverso. Um exemplo típico é extraído do nosso direito matrimonial, o qual atribui eficácia jurídica, no ordenamento italiano, às sentenças de anulação dos casamentos celebrados por tribunais eclesiásticos por causas previstas e disciplinadas pelo direito canônico. Da recepção (ou reenvio material) é preciso distinguir o simples reenvio (ou reenvio formal), que ocorre quando a lei de um Estado remete de volta à de outro Estado para a qualificação jurídica de determinadas situações jurídicas: quando se trata, por exemplo, de estabelecer qual órgão de um Estado estrangeiro está legitimado para ratificar um tratado internacional, não é possível deixar de se referir às normas do ordenamento jurídico de tal Estado que indicam qual o órgão investido daquele poder.

Segundo a opinião predominante, constitui fonte de recepção o costume, ou seja, a repetição uniforme, geral e prolongada de um determinado comportamento por parte dos consociados. O que distingue o costume jurídico das simples normas do costume (como, por exemplo, as normas de etiqueta ou do *fair play*) é o fato de que, na sua inobservância, o ordenamento jurídico faz corresponder a aplicação de sanções institucionalizadas. Segundo a opinião tradicional, o costume jurídico (que o nosso Código Civil refere como uso) consta de dois elementos: uma prática uniforme e constante e a *opinio iuris ac necessitatis*, ou seja, a convicção de que aquele comportamento é juridicamente obrigatório. Alguns afirmam que a prática uniforme e constante constitui o elemento material do costume, e a *opinio iuris* o elemento psicológico; outros, por sua vez, vêem no primeiro elemento um simples pressuposto de fato e, no segundo, o verdadeiro elemento constitutivo do costume. É errado considerar o costume como um "fato normativo", ou seja, como um fato que dá origem a uma norma (segundo o antigo adágio *ex facto oritur ius*); ele, na verdade, é um fato ao qual uma norma de grau superior (seja ela a lei, seja a própria norma fundamental do ordenamento jurídico) reconhece uma eficácia normativa. Nos ordenamentos menos centralizados – como eram os ordenamentos primitivos e como, ainda hoje, é o ordenamento internacional –, o costume, como fonte espontânea e irreflexa do direito, tem uma grande importância; ou melhor, ele consistia na origem a única fonte de produção do direito, e só mais tarde colocou-se ao seu lado a lei como fonte consciente e voluntária de normatização; costume e lei coexistiram por um certo tempo no mesmo plano, ou melhor, permanecendo por vezes o primeiro em nível mais elevado, como no caso dos costumes constitucionais que, em certos países, regulam a própria formação da lei. Somente nos ordenamentos estatais modernos, ao costume se sobrepõe definitivamente a lei como fonte primária do direito, enquanto o primeiro ficou reduzido à condição de fonte subsidiária, cuja validade está condicionada ao reenvio expresso que a ele faça a lei (cf. art. 8 das disposições gerais sobre a lei). Derivando a sua validade da lei, o costume não pode derrogá-la, nem ab-rogá-la. Costuma-se distinguir entre costume *contra legem, secundum legem* e *praeter legem,* dependendo de ele ser contrário ou conforme a lei ou regular uma matéria que a lei não discipline. Em um ordenamento como o nosso, fundado na soberania da lei, um costume *contra legem* (dito também costume ab-rogante) não é admissível; o costume *secundum legem* mal se distingue da simples observância da própria lei, enquanto o costume *praeter legem* tem validade jurídica, posto que a lei remete aos usos para a disciplina de determinadas relações.

Uma consideração à parte deve ser feita sobre as normas com as quais os indivíduos regulam os próprios interesses jurídicos mediante declarações de vontade (ou negócios jurídicos): "A atribuição dessas normas à categoria das fontes reconhecidas ou à das fontes delegadas – observa Bobbio – parece menos exata. Se a tônica recair sobre a autonomia privada, entendida como capacidade dos indivíduos de dar normas a si mesmos em uma certa esfera de interesses, e se os indivíduos forem considerados como formadores de um ordenamento jurídico menor, absorvido pelo ordenamento estatal, essa fonte de normas é concebida como produtora independente de regras de conduta recepcionadas pelo Estado. Se, ao contrário, a tônica recair sobre o poder negocial como poder delegado pelo Estado aos indivíduos para regular os próprios interesses em um campo estranho ao interesse público, a mesma fonte aparece como fonte delegada." A categoria mais numerosa dos negócios jurídicos é constituída pelos contratos, ou seja, pelo acordo entre duas ou mais partes para constituir, regular ou extinguir entre si uma relação jurídica patrimonial (art. 1.321 do Código Civil). Os contratos, como diz o artigo 1.372 do mesmo código, "têm força de lei entre as partes". Mas os contratos não exaurem a esfera dos negócios jurídicos, aos quais pertencem também as declarações de vontade bilaterais que não tenham caráter patrimonial (como, por exemplo, o casamento) e outros atos unilaterais, como a adoção, o testamento etc.

Em alguns ordenamentos jurídicos constituem, ou constituíram, fontes do direito também a doutrina e a jurisprudência. Por doutrina entende-se a elaboração teórica do direito feita por estudiosos dessa disciplina. Um edito do imperador Teodósio II estabeleceu, no ano 426 depois de Cristo, que nos casos controvertidos deveria prevalecer a opinião expressa pelos jurisconsultos Gaio, Papiniano, Ulpiano, Paolo e Modestino (o chamado "tribunal dos mortos"). Hoje a doutrina não constitui fonte de normatização: se juízes, administradores e operadores privados levam em conta as opiniões manifestadas pelos juristas, não é em razão da autoridade de que são providas, mas apenas pela força persuasiva dos argumentos adotados para sustentar as ditas opiniões. Quanto à jurisprudência, entendida como o conjunto de pareceres emitidos pelos juízes sobre casos análogos, ela constitui fonte de direito nos países como os anglo-saxões, nos quais o juiz está vinculado ao respeito pelo "precedente"; mas não constitui fonte de direito em nosso ordenamento e em quase todos os ordenamentos da Europa ocidental, nos quais o juiz interpreta soberanamente a lei. Isso não significa, naturalmente, que nesses países o precedente não tenha qualquer valor, mas que nas decisões ele exerce uma força que, de fato, é proporcional à autoridade dos argumentos adotados para justificá-lo, mais que à autoridade do órgão do qual emana.

23. A norma fundamental e o princípio de efetividade

Vimos no parágrafo anterior que as normas constitutivas de um ordenamento jurídico se colocam em diversos níveis ordenados hierarquicamente: das normas de nível constitucional – que, em regra, são gerais e abstratas – por meio de um processo de individualização progressiva, cujo mecanismo será mais bem estudado quando falarmos sobre as interpretações, passa-se para normas sempre mais particulares e concretas, até alcançar os comandos individuais, como as sentenças dos juízes, as ordens da autoridade administrativa e a disciplina contratual das relações privadas específicas. Percebe-se que, à medida que se passa dos níveis mais altos para os mais baixos, o número das normas aumenta, motivo pelo qual o ordenamento jurídico pode ser representado como uma grande pirâmide na qual as várias normas estão dispostas em camadas paralelas, umas sobre as outras. Mas toda pirâmide tem um vértice e uma base: onde termina esse processo de individualização das normas, e onde ele começa?

No término do processo de individualização das normas existem aqueles comportamentos constituídos por atos de execução das normas (execução espontânea ou coativa) que, por sua vez, não dão lugar à criação de novas normas: o fato de alguém expiar uma pena ou pagar o seu débito ou, simplesmente, parar o próprio automóvel diante do semáforo fechado, constitui o elo final daquela longa cadeia que, partindo das normas constitucionais sobre produção legislativa, passa pela lei e, portanto, pela sentença condenatória do juiz, ou pelo contrato ou pela ordem do policial, conduz e exaure-se, enfim, em um comportamento que é um mero ato de execução da norma.

No vértice do processo de normatização existe a norma chamada por Kelsen de norma fundamental (*Grundnorm, basic norm*) que convalida as normas constitucionais: é a norma que confere ao legislador constituinte o poder de promulgar normas jurídicas válidas para toda a coletividade e, correlativamente, que obriga todos a obedecerem às normas jurídicas emanadas do poder constituinte. A norma fundamental não é uma norma positiva, ou seja, não é uma norma expressa, *posta* por um legislador; ela é simplesmente *pressuposta*, com a dupla finalidade de convalidar todo o ordenamento e de reduzir à unidade as normas específicas que o constituem. Esse é um gênero de hipóteses lógico-transcendentais, porque, ao admitir a validade da norma fundamental, então todo o ordenamento jurídico que se apoiar em tal norma deve ser considerado válido; ao negar a validade da sua norma fundamental, todo o ordenamento jurídico deve ser considerado inválido.

Mas em que se baseia, por sua vez, a validade da norma fundamental? Por certo não em outra norma, senão esta, e não aquela, seria a verdadeira norma fundamental. Não resta senão unir tal validade a um fato: isto é, o fato de que o ordenamento jurídico cuja validade deriva de uma certa norma fundamental seja efetivamente observado, via de regra, pelos componentes da coletividade que são os destinatários das normas daquele ordenamento. No vértice, portanto, validade e eficácia de um ordenamento coincidem: um ordenamento é válido porque eficaz, ou seja, porque os componentes do grupo geralmente ajustam o próprio comportamento às normas do ordenamento. Uma norma pode ser ineficaz e, todavia, permanecer válida, mas se todo o ordenamento for ineficaz, não se pode nem mesmo considerá-lo como um ordenamento jurídico existente: a existência de um ordenamento jurídico identifica-se com a sua validade, e essa depende da sua eficácia. Quando, por exemplo, após uma revolução ou a extinção de um Estado por *debellatio* (como ocorreu em 1945 com o Terceiro Reich) um ordenamento jurídico é aniquilado, tal ordenamento, deixando de ser eficaz, deixa igualmente de ser válido, e, no seu lugar, um outro se instaura e deriva a sua validade de outra norma fundamental.

O que aqui se expõe é a tese fundamental do normativismo de Kelsen, que se distingue do realismo jurídico porque une à eficácia a validade, não de cada norma individualmente, mas do ordenamento jurídico no seu conjunto. Enquanto para os normativistas uma norma, ainda que praticamente ineficaz, permanece válida se produzida em conformidade com uma norma de grau superior, para os realistas, por sua vez, cada norma é válida só se, e enquanto, efetivamente aplicada. Disso decorre que, para os normativistas, a validade de uma norma é um dado absoluto, posto que resulta da sua conformidade à norma de grau superior, enquanto para os realistas é um conceito relativo, uma vez que resulta do seu grau de eficácia efetiva e, em particular, da probabilidade de que os juízes a aplique nas suas decisões.

Desenvolvendo e aprofundando o conceito de norma fundamental, Hart distingue um duplo ponto de vista sobre o qual pode ser considerada a experiência jurídica normativa: o ponto de vista interno daqueles que aceitam as normas e as adotam como modelo de comportamento, e o ponto de vista externo do observador que, sem aceitar ele próprio as normas, chega à conclusão, com base nas regularidades observadas e nas reações hostis aos desvios do modelo costumeiro de comportamento, de que tal comportamento é considerado obrigatório pelo grupo. À luz de tal distinção, a norma fundamental (ou, segundo Hart, norma de reconhecimento) revela dois aspectos: do ponto de vista interno, a norma fundamental, enquanto aceita como válida, funda a validade jurídica das normas que dela derivam; do ponto de vista externo, por sua vez, a sua aceitação como tal por parte de um grupo é simplesmente um fato verificável. Na norma fundamental, assim concebida, validade e verificabilidade coincidem, uma vez que esta se apresenta, ao mesmo tempo, como fonte de validade do ordenamento jurídico e como objeto de verificação de certos comportamentos sociais. É simplesmente o caso de observar que o aspecto externo da experiência jurídica reflete um ponto de vista predominantemente sociológico, enquanto o aspecto interno reflete um ponto de vista mais especificamente jurídico.

24. A interpretação

Para aplicar uma norma é necessário primeiro entender-lhe o significado, ou seja, é preciso interpretá-la. Por "interpretação" em geral entende-se aquela atividade destinada a compreender o significado de alguma coisa que funcione como sinal de outra: através do signo o intérprete remonta ao *designatum*, isto é, ao objeto a que o sinal remete. Portanto, existe atividade interpretativa (ou hermenêutica) toda vez que há atividade envolvendo sinais (ou semiótica).

A interpretação jurídica distingue-se da interpretação em geral pelo seu objeto, que é constituído pelas normas jurídicas. Embora o problema da interpretação jurídica tenha sido estudado primordialmente com referência à interpretação da lei (e das outra normas com força de lei), convém precisar que a interpretação do direito não se identifica totalmente com a interpretação da lei, uma vez que existe também um problema de interpretação da constituição (por parte do legislador ordinário e da corte constitucional e também por parte dos juristas chamados a lançar sobre ela questões de sua competência), como existe uma interpretação do negócio jurídico (seja ele um contrato, um testamento etc.), do julgado, do ato administrativo. De fato, na construção gradativa do ordenamento jurídico, no qual, como sabemos, cada norma deriva sua validade da sua conformidade, quanto ao modo de produção e, muitas vezes, também quanto ao conteúdo, a uma norma de grau superior, não só a lei, mas qualquer outra norma a ela subordinada é suscetível de interpretação, constituindo tal interpretação a premissa necessária para a aplicação da própria norma, quer tal aplicação se resolva na criação de uma norma de grau inferior, quer se ocupe de um mero comportamento. O parlamento, quando legifera, deve interpretar a constituição, assim como o simples cidadão que atravessa um cruzamento deve interpretar o semáforo ou o gesto do guarda de trânsito.

A interpretação jurídica consiste, portanto, no reconhecimento do significado da norma ou, como se diz, do seu "alcance"; seu objetivo é remontar, através da enunciação da norma, à vontade daquele que a emanou ou do qual provém e, no caso da lei, à vontade do "legislador", que pode ser tanto um monarca ou um déspota absoluto, quanto um parlamento. E, dado que as normas em geral são constituídas por enunciados lingüísticos, para reconstruir a vontade do legislador (elemento pragmático) é necessário partir do significado próprio das palavras (elemento semântico) segundo sua conexão (elemento sintático): assim se exprime o art. 12 das Disposições gerais sobre a lei.

O primeiro instrumento da interpretação é, portanto, constituído pelo instrumento literal (ou textual), ou seja, pelo chamado "teor"da norma, mas isso nem sempre leva a resultados unívocos acerca do significado da própria norma. Sabe-se que cada termo lingüístico (cada palavra) é provido de uma "área de significância" (ou "campo de referência") em que, ao redor de um "núcleo" central, mais ou menos consolidado, estende-se uma "zona de indeterminação" (ou "de incerteza"), mais ou menos vasta. Por exemplo, um regulamento municipal que proíbe a introdução de veículos em um parque público: ninguém duvida de que tal proibição diz respeito a todos os automóveis, mas pode-se perguntar se isso se aplica também às bicicletas e triciclos, aos carrinhos de bebê e aos carrinhos de um parque de diversão. É claro que não se poderá decidir a questão sem que se procure o objetivo (ou *ratio*) da norma, ou seja, o fim em relação ao qual a norma tem um valor instrumental: o elemento literal está integrado ao teleológico. Para determinar a *ratio* de uma norma pode ser útil confrontá-la com outras normas do ordenamento jurídico, o qual constitui uma unidade, enquanto a validade de suas normas depende, em última instância, da própria norma fundamental, e que se deve presumir, pois, inspirado em uma coerência de princípios. Dissemos que o ordenamento jurídico não resulta de uma simples justaposição de normas, mas constitui um sistema no qual cada norma recebe totalmente o seu significado da sua relação com as outras normas, à luz das quais é interpretada: ao instrumento teleológico acrescenta-se, portanto, o instrumento sistemático. Mas não basta: o ordenamento jurídico não é um ordenamento estático, mas dinâmico; evolui continuamente sob o impulso das exigências sociais em constante mudança. O intérprete não pode negligenciar tal mudança: diz-se, com efeito, que ele deve procurar não tanto a vontade do "legislador", quanto a vontade da "lei", atribuindo-se a essa última uma vida independente e autônoma, suscetível a desenvolvimentos e a evoluções. A verdade é que o legislador, cuja vontade deve ser buscada, não é o legislador originário que pôs a norma, mas o legislador atual que, podendo ab-rogá-la, todavia a mantém viva, às vezes para fins absolutamente diversos daqueles que o legislador ordinário havia determinado: eis por que o intérprete não pode negligenciar a dinâmica do sistema, ou seja, o elemento histórico-evolutivo. Convém destacar que o instrumento textual, o teleológico, o sistemático e o histórico-evolutivo não se referem a tipos diversos de interpretação, mas constituem os momentos necessários pelos quais cada ato de interpretação deve passar.

Quanto ao objetivo, convém distinguir entre interpretação histórica, interpretação operacional e interpretação doutrinária. A interpretação histórica é aquela direcionada a reconstruir as linhas de um ordenamento jurídico não mais em vigor, por exemplo o direito romano. Como tal, ela se distingue da interpretação operacional, que constitui o pressuposto para a aplicação prática da norma vigente. Quando a interpretação operacional não visa um comportamento, mas a criação de uma nova norma, fala-se de interpretação normativa: exemplos de interpretação normativa nos são fornecidos pela interpretação da lei feita pelos órgãos da administração pública com a finalidade de ajustar a ela suas disposições e, categoria importantíssima, pela interpretação judicial, ou seja, aquela feita pelos juízes ao decidir as controvérsias submetidas a seu julgamento. Dos tipos de interpretação histórica e normativa faz parte a interpretação doutrinária (ou científica), que é a feita pelos estudiosos especializados em direito: essa, de fato, apresenta analogias evidentes com a interpretação histórica, visto que o verdadeiro jurista exaure o seu trabalho no reconhecimento do significado da norma, sem que ele próprio seja chamado a aplicá-la; todavia, é inegável que a interpretação doutrinária tende a influir, e de fato notoriamente influi, na opinião de quem é chamado a aplicar a norma, de modo que a atividade do jurista constitui um *quid medium* que reúne em si a dupla função descritiva e prescritiva. Fala-se, por fim, de uma interpretação autêntica, que é a proveniente do próprio sujeito ou órgão que emanou a norma: assim é, por exemplo, a interpretação de uma norma legal feita pelo próprio legislador, ou pela vontade de um contrato manifestada pelos próprios contraentes: neste caso, todavia, não se trata de atividade interpretativa a rigor, mas de atividade normativa pura e simples, que se ocupa de normas do tipo daquelas que chamamos declarativas.

Quanto ao resultado, distingue-se entre interpretação declarativa, restritiva e extensiva: fala-se de interpretação declarativa quando o resultado do processo interpretativo coincide com o teor literal da norma (diz-se, então, que o legislador *tam voluit, quam scripsit*); fala-se de interpretação restritiva ou extensiva quando o resultado da interpretação restringe ou amplia o significado textual da norma (diz-se, então, respectivamente, que o legislador *minus voluit, quam scripsit* ou *plus voluit, quam scripsit*). Trata-se, obviamente, de distinções convencionais, uma vez que, a rigor, a interpretação é sempre e somente declarativa, tendendo a verificar, mediante o uso de todos os instrumentos oferecidos ao intérprete, qual a real vontade do legislador. É, portanto, impróprio falar de interpretações ab-rogantes, quando a interpretação conduz a negar a validade da norma (por estar, por exemplo, em contraste com uma norma de grau superior), ou de interpretação analógica, não constituindo a analogia (como veremos em breve) um processo hermenêutico, mas nomotético (ou seja, não se resolve na interpretação de uma norma já dada, mas na criação *ex novo* de uma norma). Note-se, por outro lado, que a interpretação ab-rogante e a analogia conduzem, num certo sentido, a resultados opostos: uma nega a validade de uma norma já existente, a outra cria uma nova norma que antes não existia.

A interpretação de uma norma é o pressuposto necessário, mas não suficiente, para a sua aplicação. De fato, cada norma contém sempre uma margem de indeterminação, seja ela intencionalmente pretendida por aquele da qual emana ou decorrente de certa parcela de ambigüidade existente em toda linguagem não formalizada. Na lei, por exemplo, tal margem de indeterminação é conseqüência, absolutamente não intencional, da generalidade e da abstração que são características freqüentes das suas normas, ou é pretendida conscientemente pelo legislador, que entende deixar ao intérprete uma certa margem de discricionariedade: pense-se, por exemplo, nas noções de obscenidade, de bom costume, de boa-fé, de honra etc., que o legislador não define, deixando ao intérprete a tarefa de fazê-lo; pense-se nos mínimos e nos máximos das penas editais e, no limite, nos juízos de eqüidade, nos casos em que a lei os permita. A norma apresenta-se, portanto, como um esquema que, embora dentro dos limites definidos pela sua formulação textual e pelos usos lingüísticos, comporta uma pluralidade de aplicações; ela define um "espaço operacional", um "campo" de possibilidades jurídicas (ou seja, de "legitimidade"), dentro do qual quem é chamado a aplicar a norma (vale dizer, a individualizar o preceito nela contido) deve fazer uma escolha. Tal escolha entre as alternativas juridicamente possíveis consentidas pela norma, que são tanto mais numerosas quanto maior a esfera de indeterminação que a norma comporta, não pode ser feita senão à luz de um juízo de valor (de conveniência, de oportunidade) que leve em conta os valores emergentes da sociedade, mas que também seja influenciado pelas preferências individuais do intérprete. Portanto, parece lícito concluir que, se todo processo interpretativo é sempre um fato técnico, porque requer o uso apropriado de técnicas hermenêuticas especiais, é também sempre um fato ideológico porque comporta uma escolha de valores.

Diga-se, por fim, algo sobre o princípio da conservação da norma, que deve ser respeitado pelo intérprete. O princípio foi estabelecido por ocasião do artigo 1.367 do Código Civil, o qual estatui que, na dúvida, o contrato ou suas cláusulas específicas devem ser interpretadas no sentido de que possam ter algum efeito, de preferência a que não venham a ter nenhum. Se, por exemplo, o sentido do contrato for obscuro e ambíguo, de forma que possa ser interpretado, quer de modo contrário a uma norma inderrogável, e nesse caso o contrato seria nulo, quer de modo que tal contraste não se verifique, é esta última interpretação que se deve preferir para que o contrato não fique desprovido de efeitos. O princípio, enunciado a propósito do contrato, tem uma capacidade mais ampla e aplica-se a todas as fontes do direito e, em particular, no que toca à relação entre a lei e a constituição: se o sentido da lei apresenta alguma ambigüidade, a interpretação a ser dada é aquela que não a coloque em contraste com a constituição, posto que a lei pareceria viciada de inconstitucionalidade e, portanto, inválida; em outras palavras, podendo dar à lei uma interpretação que conserve a sua validade, seria errado dar-lhe uma interpretação diferente que a tornasse inválida.

25. A eqüidade

Uma observação à parte deve ser feita a respeito da eqüidade, que já mencionamos: ela consiste no regulamento moderado e conveniente que a lei, por vezes, confia ao juiz quando se trata de disciplinar determinadas relações. Características da eqüidade (que deve ser distinta da *aequitas* romana e da *equity* inglesa, mas que se relaciona à ἐπιείκεια aristotélica) são a particularidade do caso e a subjetividade da decisão: por particularidade do caso entende-se o fato de que o juízo eqüitativo leva em consideração elementos que não seriam relevantes em um juízo de direito estrito (por exemplo, os motivos de um contrato, as condições econômicas do devedor etc.); por subjetividade da decisão entende-se o fato de que, enquanto no juízo de direito estrito o juiz aplica ao caso uma norma (escrita ou consuetudinária) preexistente, no juízo de eqüidade o juiz determina as conseqüências jurídicas do caso segundo lhe sugere a própria consciência normativa.

Na prática, o juízo eqüitativo cumpre funções diversas:

a) Pode ocorrer que a lei discipline uma certa relação e que, todavia, o juiz esteja autorizado a substituir a disciplina pré-constituída pela lei por uma regulamentação diversa, que leve em conta as particularidades do caso concreto. É esta a chamada eqüidade substitutiva, da qual são exemplos o art. 113 do Código de Processo Civil, pelo qual o conciliador decide segundo a eqüidade as causas de valor não superior a 20.000 liras, e o subseqüente art. 114, que estende a todos os juízes o poder de decidir segundo a eqüidade todo tipo de controvérsia que não verse sobre questões de direitos indisponíveis, desde que haja consentimento das partes.

b) Da eqüidade substitutiva distingue-se, pela menor extensão do poder conferido ao juiz, a eqüidade integrativa, que ocorre quando a lei, mesmo prevendo uma certa relação, não a disciplina totalmente, mas confia ao juiz completar a norma, integrando-a conforme as circunstâncias do caso. Um exemplo de eqüidade integrativa nos é fornecido pelo art. 1.226 do Código Civil que, derrogando as normas ordinárias sobre o ônus da prova, confere ao juiz a faculdade de liquidar eqüitativamente os danos cujo cálculo preciso não seja possível demonstrar.

c) Alguns ordenamentos (mas não o nosso) prevêem uma terceira forma de eqüidade que (por analogia às normas supletivas das quais se falou no § 15) podemos chamar de eqüidade supletiva, que ocorre quando o legislador confere ao juiz o poder eqüitativo no tocante a relações não disciplinadas pela lei ou pelos usos, justamente para obter sua regulamentação direta por parte do juiz, a quem é confiada a tarefa de preencher as lacunas do ordenamento, recorrendo à sua consciência normativa. Convém advertir que o nosso ordenamento, embora prevendo hipóteses nas quais, como vimos *sub* b), a eqüidade é chamada a integrar uma norma, não a enumera entre os instrumentos de integração do ordenamento no seu conjunto, indicando outros meios para preencher as lacunas.

Falaram alguns sobre uma quarta forma de eqüidade, a eqüidade interpretativa, que ocorre toda vez que o juiz, diante de uma dúvida de interpretação, se sinta autorizado a dar à norma a interpretação que lhe pareça mais justa. Nesse caso, todavia, não nos encontramos diante de uma espécie particular de eqüidade que possa ser distinguida como tal pelo juízo jurídico, nem de uma forma particular de interpretação, uma vez que sempre, como sabemos, no processo interpretativo intervém um juízo de valor, e seria muito estranho que um juiz, podendo escolher entre duas interpretações igualmente possíveis segundo o teor textual da norma, escolhesse a mais injusta.

A esse respeito, convém destacar que a eqüidade – embora sempre assinale o ponto de máxima expansão dos poderes conferidos ao juiz – não deve ser identificada com o mero arbítrio (*aequitas cerebrina*), porque faria mau uso dos seus poderes o juiz que, quando a lei permite e as partes requerem, julgando segundo a eqüidade, não respeitasse os princípios gerais do ordenamento jurídico deduzíveis, sobretudo (mas não somente), da Constituição e não se inspirasse nos valores geralmente aceitos pela consciência do país.

Finalmente, convém notar que um equilibrado recurso à eqüidade, dentro dos limites que não comprometam a certeza do direito, pode desenvolver um papel útil de mediação entre o princípio de legalidade, no qual se exprime o poder do Estado, e os valores emergentes na sociedade civil.

26. A coerência do ordenamento jurídico e o problema das antinomias

Dissemos que o ordenamento jurídico não é um simples agregado de normas, mas constitui um sistema, uma totalidade, uma estrutura. O que faz das normas que compõem o ordenamento uma totalidade estruturada é o fato de que todas extraem a sua validade da mesma norma fundamental. Mas uma estrutura não existe verdadeiramente se encerra em si contradições e se não é auto-suficiente, ou seja, se a totalidade que a constitui não é coerente e completa. Posto que as modalidades deônticas fundamentais são as do obrigatório, do proibido e do permitido, um ordenamento normativo é completo se permite qualificar por uma das modalidades mencionadas um comportamento qualquer e é coerente (ou unívoco), se não permite, para qualquer comportamento, mais de uma qualificação. Afirma-se, com freqüência, que a completude e a coerência são características essenciais do ordenamento jurídico, mas a realidade é bem diferente, porque nem sempre o discurso do legislador é imune às contradições, nem a previsão normativa pode exaurir a casuística que a experiência, ou seja, a própria vida na multiplicidade das suas dimensões "inventa" em um processo sempre aberto e imprevisível. Afirmar o contrário seria como fechar os olhos diante da realidade do direito em nome de um ideal que é próprio de uma certa ideologia juspositivista, mas que se procuraria em vão realizar em qualquer ordenamento historicamente existente. No mais, o próprio legislador não ignora essa realidade, no momento em que dita as diretivas para dirimir, de fato, os conflitos de normas e para preencher as lacunas do ordenamento.

Há conflito de normas ou antinomia quando duas ou mais normas incompatíveis entre si regulam a mesma relação. Recorde-se que as normas jurídicas ou impõem obrigações, ou estabelecem proibições, ou conciliam permissões. Como essas últimas, por sua vez, estão divididas em permissões positivas (ou de fazer) e em permissões negativas (ou de não fazer), são quatro as figuras deônticas fundamentais (cf. § 14) e elas podem ser dispostas do seguinte modo, segundo o chamado quadro lógico das oposições:

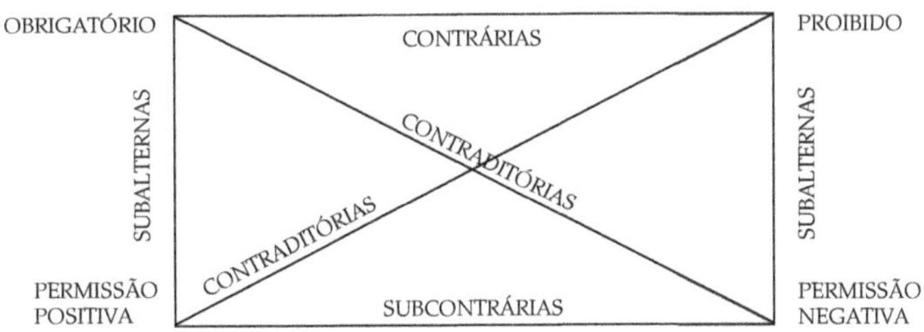

Pelo exame do supramencionado quadro extrai-se que, das quatro relações possíveis, duas são de compatibilidade e duas de incompatibilidade, e precisamente:

1. Entre uma obrigação e uma proibição que tenham o mesmo objeto (por exemplo: "é obrigatório fumar" e "é proibido fumar") existe uma relação de contrariedade. As duas normas são incompatíveis: se uma é válida, a outra é, necessariamente, inválida. As duas normas não podem ser ambas válidas, mas podem ser ambas inválidas (fumar pode não ser nem obrigatório nem proibido, mas somente permitido).

2. Entre uma obrigação e uma permissão negativa que tenham um mesmo objeto (por exemplo: "é obrigatório fumar" e "é permitido não fumar") existe uma relação de con-

tradição. As duas normas de qualquer par são incompatíveis: se uma é válida, a outra é, necessariamente, inválida: as duas normas consideradas não podem ser nem ambas válidas, nem ambas inválidas.

3. Entre uma obrigação e uma permissão positiva que tenham o mesmo objeto (por exemplo: "é obrigatório fumar" e "é permitido fumar"), como entre uma proibição e uma permissão negativa que tenham o mesmo objeto (por exemplo: "é proibido fumar" e "é permitido não fumar") existe uma relação de subalternação. As duas normas de qualquer par são incompatíveis: da validade da primeira deduz-se, por implicação, a validade da segunda, mas não vice-versa (se fumar é obrigatório, deve ser também permitido, mas não está dito que se é permitido fumar deve ser também obrigatório).

4. Entre uma permissão positiva e uma permissão negativa que tenham um mesmo objeto (por exemplo: "é permitido fumar" e "é permitido não fumar") a relação é de subcontrariedade. As duas normas podem ser ambas válidas, mas não podem ser ambas inválidas (se fumar é permitido, pode ser permitido também não fumar, mas fumar poderia também não ser permitido, mas obrigatório ou proibido).

Concluindo, podemos afirmar que há incompatibilidade por contrariedade entre comandos e proibições e por contradição entre comandos e permissões negativas de um lado, e proibições e permissões positivas, de outro. Mas, para que juridicamente haja antinomia, é igualmente necessário que as duas normas incompatíveis pertençam ao mesmo ordenamento e tenham igual âmbito de validade. A proibição de dissolução do casamento (divórcio) sancionada pelo direito canônico não é incompatível com a permissão positiva de divórcio prevista pelo direito civil de um Estado; a proibição de fumar, estabelecida para os menores, ou a proibição de fumar charutos, não é incompatível com a permissão de fumar concedida aos adultos, ou com a permissão de fumar cigarros, já que diferente é o âmbito de validade das duas normas.

Os critérios indicados pelo nosso legislador para resolver as antinomias podem reduzir-se substancialmente a três:

1. O critério hierárquico, segundo o qual a norma de grau superior prevalece sobre a de grau inferior (*lex superior derogat inferior*): em virtude desse princípio que diz respeito à autoridade que emanou a norma, a Constituição prevalece sobre a lei e a lei sobre todos os outros atos normativos.

2. O critério temporal, segundo o qual a norma posterior derroga a anterior (*lex posterior derogat priori*): em virtude desse critério que diz respeito ao tempo em que as normas tenham sido emanadas, as normas anteriores incompatíveis com as normas posteriores devem ser consideradas ab-rogadas. O art. 15 das Disposições gerais sobre a lei estabelece, a respeito, que as leis podem ser ab-rogadas por leis posteriores ou por declarações expressas pelo legislador, ou por incompatibilidade entre as novas disposições e as precedentes, ou porque a nova lei regula toda matéria já regulada pela lei anterior.

3. O critério de especialidade, que diz respeito à relação de continência entre as normas, e em virtude do qual uma norma especial (ou excepcional) derroga a norma geral (*lex specialis derogat generali*). A especialidade pode referir-se ao tempo (o uso de máscara em locais públicos, em regra proibido, pode ser consentido em certas épocas do ano – por exemplo, no carnaval –, pela autoridade da segurança pública: art. 85 do R.D., de 18 de junho de 1931, n. 773), ao lugar (as regiões podem emanar, em matérias de sua competência, normas em contraste com aquelas válidas no resto do país: art. 14 do estatuto da Região siciliana), ou às pessoas (os empreendedores comerciais estão sujeitos a uma disciplina diferente, para algumas de suas atividades, daquela prevista para os cidadãos que não exercem tal atividade).

Pode ocorrer, porém, que os critérios indicados sejam insuficientes para resolver o conflito, ou que o conflito (um conflito de segundo grau, por assim dizer) se dê entre os próprios critérios de resolução das antinomias.

O primeiro caso ocorre quando as normas incompatíveis têm o mesmo grau hierárquico, são contemporâneas e têm o mesmo âmbito de validade. Nesse caso o juiz, encontrando-se na presença de uma verdadeira lacuna legislativa (cf. § 27), elabora uma escolha baseada em uma avaliação comparativa à luz dos princípios gerais do ordenamento e dos interesses que as normas em conflito tutelam respectivamente, juízo que leva a considerar válida somente uma das normas, em geral conciliando-as, modificando-as parcialmente.

O segundo caso ocorre quando a antinomia colide com os próprios interesses previstos pela lei para a redução das antinomias, ou seja, quando a um determinado conflito de normas podem ser aplicados contemporaneamente (pelo menos) dois critérios, mas a aplicação de um induz à preferência por uma das normas, enquanto a aplicação do outro induz à preferência por outra. Também aqui estamos na presença de uma lacuna legislativa, posto que o legislador não estabeleceu nenhum critério para resolver o conflito de segundo grau: admite-se geralmente, mas não sem exceções, que o critério hierárquico deve prevalecer sobre o critério temporal e sobre o de especialidade, mas a questão permanece aberta no que tange ao conflito entre o critério temporal e o critério de especialidade.

27. A completude do ordenamento jurídico e o problema das lacunas

Examinamos o caso de uma superabundância de normas que geram um conflito; vamos examinar agora o inverso, uma carência de normas que dê lugar a uma lacuna. No silêncio da lei, o juiz não pode negar-se a decidir sem incorrer ele próprio no crime de denegação de justiça (art. 328, parágrafo segundo, do Código Penal): ele deve buscar para cada caso uma regra, servindo-se dos meios, indicados pelo legislador, que se fizerem necessários.

Excetuando-se, antes de tudo, que possa existir um espaço jurídico vazio, ou seja, uma classe de ações juridicamente irrelevantes (uma vez que todo comportamento ou é obrigatório, ou é proibido, ou é permitido, não havendo outras alternativas), aqueles que sustentam a tese da completude do ordenamento jurídico, e, portanto, da inexistência de lacunas, costumam afirmar que todo ordenamento compreende uma norma geral exclusiva (ou norma de encerramento), em virtude da qual tudo o que não é expressamente obrigatório ou proibido, é permitido. É esse o chamado *argumentum a contrario*, segundo o qual pela ausência de regulamentação de um fato, deduz-se a sua liceidade.

Todavia, enquanto esse princípio explica totalmente a sua completa eficácia, no campo do direito penal não se admite o recurso à analogia. Mas, mesmo o recurso à analogia como fonte de integração do ordenamento jurídico está previsto no art. 12 das Disposições gerais sobre a lei, que, em seu parágrafo, estabelece que se uma controvérsia não pode ser decidida por uma disposição precisa consideram-se as disposições que regulam "casos similares e matérias análogas"; e que, se o caso ainda permanecer dúbio, decide-se "segundo os princípios gerais do ordenamento jurídico do Estado". As duas hipóteses são chamadas, respectivamente, *analogia legis* e *analogia iuris*, apesar de a segunda não ter nada propriamente a ver com a inferência analógica.

O recurso à analogia (ou *argumentum a simili*) ocorre quando uma norma jurídica que regula um determinado caso é aplicada a um caso diverso mas congruente com o primeiro em todos os seus aspectos essenciais; isto é, uma dada norma aplica-se aos casos não previstos por ela desde que apresentem a mesma *ratio* do caso referente à norma diretamente disciplinada. Surge aqui o problema da escolha do critério a ser usado para a distinção entre os aspectos essenciais e os aspectos não essenciais de um caso, em relação à *ratio* da norma. É evidente que a semelhança em si não constitui uma relação lógica, e que a inferência por analogia adquire validade lógica (isto é, torna-se uma inferência dedutiva) somente quando se aceite que entre os casos regulados pela norma e aqueles aos quais se pretenda estender sua aplicação existe uma "relação de similaridade". A existência de tal relação depende, em última análise, da extensão atribuída à "área de similaridade" de cada caso, e a definição de tal área comporta um juízo de valor sobre a essencialidade ou não dos elementos comuns entre os dois casos em relação à *ratio*. Por isso, nem sempre é fácil escolher entre o *argumentum a simili* e o *argumentum a contrario*, cada um dos quais conduziria a soluções diversas ou absolutamente opostas: a lacuna do direito gera nesse caso uma antinomia que cabe ao juiz dirimir. A exemplo: a norma que proíbe portar cães em ônibus é geralmente considerada extensiva aos macacos, argumentando-se, analogicamente, o fato de que tal norma é prescrita com o objetivo de impedir o acesso àquele meio de transporte de animais incômodos; mas, conforme o caso, seria possível chegar a uma solução diversa, argumentando *a contrario* se, por exemplo, a norma fosse originada pelo perigo de uma epidemia canina.

Vale destacar que o procedimento analógico diferencia-se da interpretação extensiva: essa mantém o campo de validade da norma dentro da "área de significância" dos sinais lingüísticos com os quais ela se exprime, enquanto a analogia estende tal validade à "área de similaridade" do caso considerado pela norma. A interpretação extensiva, portanto, está sempre ligada ao texto da norma existente; o procedimento analógico cria uma norma nova que antes não existia.

Quando a analogia não é suficiente para fornecer uma indicação unívoca para a solução de uma controvérsia, o juiz deve recorrer "aos princípios gerais do ordenamento jurídico do Estado". A precisa dicção da lei não admite que se possam buscar tais princípios em ordenamentos diversos daquele do Estado, e que possam ser identificados, como sustentado em outros tempos, com os princípios do direito natural ou do direito romano clássico. Ao contrário, eles devem ser extraídos por um procedimento abstrato das normas do próprio ordenamento positivo e buscados, em particular, nas normas da carta constitucional que definem direitos e deveres dos cidadãos.

Os procedimentos até aqui considerados realizam a chamada auto-integração do ordenamento jurídico porque recorrem exclusivamente a elementos extraídos do próprio ordenamento jurídico. De tais procedimentos distinguem-se os métodos que comportam o recurso a ordenamentos jurídicos diversos dos do Estado e, por isso, dão lugar a uma heterointegração das suas normas: são aqueles métodos que prevêem o recurso ao costume, ao direito natural, ao direito romano etc. A eqüidade é geralmente enumerada entre os instrumentos de heterointegração do ordenamento jurídico, mas parece mais correto colocá-la entre as fontes delegadas, dado que, no direito moderno, não se pode falar de um ordenamento jurídico de eqüidade distinto e contraposto ao ordenamento jurídico de direito estrito, pois, assim como provém da lei o poder dos juízes de decidir segundo a eqüidade, da mesma forma a lei recebe o poder de decidir segundo o direito.

28. A pluralidade dos ordenamentos jurídicos

O fato de o ordenamento jurídico ser constituído de um conjunto de normas cuja validade provém de uma única norma fundamental não obsta a existência de uma pluralidade de ordenamentos jurídicos: unidade não significa unicidade. Já sabemos que todo agregado social que tenha alcançado um certo nível de estruturação e no qual, por conseqüência, a reação a certos comportamentos desviantes esteja institucionalizada, constitui um ordenamento jurídico. Portanto, quando se fala de uma pluralidade de ordenamentos jurídicos não se está a referir somente à pluralidade decorrente da multiplicidade dos Estados, cada um dos quais produz um direito próprio, mas também à pluralidade de ordenamentos decorrentes de instituições que se colocam acima do próprio Estado ou ao lado dele, ou que atuam no interior do Estado ou contra ele.

Como exemplos de ordenamentos que se colocam acima do Estado podem ser citados o ordenamento jurídico internacional e o chamado direito comunitário. Quanto ao primeiro, não faltaram tentativas de remeter-lhe a validade à vontade de cada Estado que nele colocou ou dele aceitou as normas, mas essa tese, se considerada verdadeira para as normas internacionais pactuadas (ou seja, aquelas criadas mediante tratados), não o é para as normas internacionais consuetudinárias (das quais, por outro lado, as normas pactuadas também extraem a sua validade), tanto é assim que os Estados de formação recente são obrigados a respeitá-las, independentemente da sua manifestação de vontade expressa favorável ou contrária. Quanto ao direito comunitário (ou supranacional), que nestas últimas décadas vem se desenvolvendo de forma cada vez mais ampla, é certo que se constitui mediante acordos estipulados entre os Estados mas, uma vez constituído, tem vida própria, dotado de uma força própria vinculante que se sobrepõe à vontade de cada Estado.

Considerações à parte cabem ao ordenamento jurídico da Igreja católica que constitui o direito canônico. Do ponto de vista canonístico, tal ordenamento coloca-se acima do estatal, extraindo a própria validade de um poder espiritual (*potestas spiritualis*) que proclama a sua superioridade em relação a todos os poderes puramente mundanos. Do ponto de vista do ordenamento estatal, o direito canônico pode conservar tal supremacia quando o Estado possuir estruturas teocráticas (o antigo Estado pontifício, por exemplo); pode colocar-se em um plano de paridade quando o Estado reconhecer a independência recíproca dos dois poderes, cada qual na sua ordem (como expressa o art. 7 da nossa Constituição); pode sobrepor-se ao ordenamento estatal quando esse não reservar qualquer tratamento particular à Igreja católica, regulando as atividades religiosas à maneira do direito comum (regime da separação entre Estado e Igreja).

No interior do Estado existem, enfim, os ordenamentos de instituições que se formam e agem no seu âmbito territorial. Diante delas o Estado pode assumir posturas diversas, que vão do reconhecimento à indiferença e à proibição. Há reconhecimento quando o direito do Estado faz suas as normas do outro ordenamento, incluindo-as no seu próprio ordenamento: é o fenômeno da recepção, já examinado por nós, cujo exemplo nos fornece a Lei n. 741, de 14 de julho de 1959, que facultava ao governo estender *erga omnes* a validade de alguns acordos estipulados pelas organizações sindicais além do procedimento especial previsto pelo art. 39 da Constituição. Há relação de indiferença quando o Estado não acolhe, nem proíbe, as atividades reguladas por outros ordenamentos: isso ocorre, por exemplo, com as regras dos jogos permitidos pela lei, nos quais, todavia, o vencedor não dispõe de ações nos confrontos com a outra parte para recuperar o crédito originado pelo próprio jogo. Há uma relação de oposição quando o direito do Estado proíbe comportamentos comandados ou permitidos por outros ordenamentos: é o caso, por exemplo, do duelo, que, se obrigatório em alguns casos, com base no chamado código cavalheiresco, constitui sempre um delito para as leis do Estado (arts. 394 ss. do Código Penal), e das sociedades secretas proibidas pelo art. 18 da Constituição. Merecem menção particular aquelas instituições reconhecidas pelo Estado, mas, que ao assumir-lhes a tutela, as regula em alguma medida com as suas leis: a primeira dentre elas é a família. As relações familiares são reguladas, em primeiro lugar, pela moral e pelo costume, mas o Estado, reconhecendo a família como "sociedade natural" (art. 29 da Constituição), nela intervém para regular alguns aspectos que julga de relevante interesse público.

Note-se que a teoria da pluralidade dos ordenamentos jurídicos, fundada na experiência e na história, opõe-se seja ao mito do universalismo, segundo o qual existiria um único direito – o direito natural – comum a todo o gênero humano, seja ao dogma do estatismo, que não reconhece outro direito além daquele que emana do Estado.

Interessam, sobretudo ao direito internacional e ao direito constitucional, os problemas levantados pela sucessão no tempo de ordenamentos jurídicos diversos válidos no mesmo âmbito territorial, sucessão que pode dar-se após uma revolução dentro do Estado, ou uma anexação por parte de outro Estado, ou de fusão (ou confederação) por parte de dois ou mais Estados. Pode-se afirmar, via de regra que, no caso da revolução que venha a substituir um ordenamento preexistente por um ordenamento jurídico novo, para o direito interno o velho ordenamento é recebido pelo novo, pelo menos nas partes em que não tenha sido expressamente modificado, enquanto para o direito internacional, a personalidade jurídica do velho Estado continua no novo, que assume todas as obrigações e os direitos internacionalmente assumidos pelo primeiro. Situação análoga ocorre no caso de anexação (ou de ocupação temporária) de um Estado ou de parte do seu território por outro Estado, e no caso de fusão entre dois ou mais Estados.

Nota bibliográfica

Sobre o capítulo todo veja N. BOBBIO, *Teoria dell'ordinamento giuridico*, Giappichelli, Torino, 1960.

Sobre o conceito de estrutura adotado no texto cf. J. PIAGET, *Lo strutturalismo*, Il Saggiatore, Milano, 1968. Sobre o conceito de ordenamento jurídico veja A. G. CONTE, artigo "Ordinamento giuridico", in *Novissimo digesto italiano*, cit., vol. XII, pp. 45-54.

Sobre os §§ 22 e 23 veja as já citadas obras de KELSEN. Sobre o costume cf. N. BOBBIO, verbete "Consuetudine", in *Enciclopedia del diritto*, vol. IX, Giuffrè, Milano, 1962, pp. 429-43. Sobre a autonomia privada W. CESARINI SFORZA, *Il diritto dei privati* (1929), Giuffrè, Milano, 1963. Sobre a norma de reconhecimento H. L. A. HART, *Il concetto del diritto* (1961), Einaudi, Torino, 1965. Sobre a distinção entre constituição formal e constituição material cf. C. MORTATI, *Istituzioni di diritto pubblico,* vol. I, Cedam, Padova, 1975.

Sobre o § 24 veja E. BETTI, *Interpretazione della legge e degli atti giuridici,* Giuffrè, Milano, 1971; L. FERRAJOLI, *Interpretazione dottrinale e interpretazione operativa,* in "Rivista internazionale di filosofia del diritto", 1966, pp. 290-304; G. LAZZARO, *L'interpretazione sistematica della legge,* Giappichelli, Torino, 1965; G. LUMIA, "In tema di interpretazione e applicazione del diritto" (1966), in *Controllo sociale, giurisdizione e libertà,* cit., pp. 99-111; F. VIOLA, V. VILLA e M. URSO, *Interpretazione e applicazione del diritto tra scienza e politica,* Celup, Palermo, 1974.

Sobre o § 25 cf. C. M. DE MARINI, *Il giudice di equità nel processo civile. Premesse teoriche,* Cedam, Padova, 1959, e G. LUMIA, "L'equità tra la giustizia e la legge", in *Rivista di diritto processuale,* 1976, pp. 708-28.

Sobre o § 26 veja G. GAVAZZI, *Delle antinomie,* Giappichelli, Torino, 1959, e N. BOBBIO, "Sui criteri per risolvere le antinomie" (1964), in *Studi per una teoria generale del diritto,* cit., pp. 95-118.

Sobre o § 27 veja N. BOBBIO, artigo "Analogia", in *Novissimo digesto italiano,* cit., vol. I, pp. 601-17, e "Lacune del diritto", *ibidem,* vol. XIII, pp. 887-96, e também *Ancora sulla distinzione tra interpretazione estensiva e analogia,* in "Giurisprudenza Italiana", 1968, I, 1, col. 965 ss.; A. G. CONTE, *Saggio sulla completezza dell'ordinamento giuridico,* Giappichelli, Torino, 1962.

Capítulo IV

A relação jurídica

SUMÁRIO: 29. O direito como relação. – 30. Os sujeitos da relação jurídica. – 31. As situações jurídicas subjetivas. – 32. O objeto da relação jurídica. – *Nota bibliográfica.*

29. O direito como relação

Na densa rede de relações que constituem o ser social do homem, as relações jurídicas ocupam um lugar particularmente importante por serem as mais estáveis e as mais bem garantidas. Sabemos que o papel do direito como estrutura da ação social é o de regular as relações intersubjetivas. Nem todas as relações intersubjetivas são obviamente jurídicas, pela mesma razão por que nem todas as normas são normas jurídicas: não são jurídicas, por exemplo, as relações de coleguismo, de amizade e similares. Relações jurídicas são somente as relações intersubjetivas (ou seja, as relações que se travam entre dois ou mais sujeitos) reguladas por normas pertencentes ao ordenamento jurídico. O caráter relacional do direito decorre do fato de que ele atua no interior da sociedade como uma das técnicas do controle social, destinada a condicionar os comportamentos dos componentes do grupo segundo modelos típicos e constantes. Esse caráter foi também indicado pelos termos, muitas vezes equivalentes e sempre conexos, de alteridade, exterioridade, bilateralidade e reciprocidade.

Com o conceito de alteridade indica-se a intersubjetividade própria do direito. Esse efetivamente pressupõe uma pluralidade de sujeitos que estabelecem relações entre si e age no sentido de regular tais relações. Excluem-se, portanto, da sua consideração, aqueles fenômenos psíquicos que se exaurem no interior do eu, como os desejos e as intenções (no que consiste a sua exterioridade) ou aqueles comportamentos que têm como termo de referência somente coisas: os primeiros podem constituir objeto de juízo moral, os segundos, de avaliação econômica, mas ambos permanecem estranhos à esfera da jurisdicidade. Com os conceitos de bilateralidade e de reciprocidade pretende-se destacar que das relações jurídicas surgem poderes e deveres correlatos: no duplo sentido de que ao poder de um corresponde no outro um determinado dever (nisso consiste a bilateralidade) e que um sujeito não pode agir de uma determinada maneira com relação a outro, sem com isso legitimar no outro, nas mesmas condições, um comportamento análogo no que diz respeito a ele próprio (no que consiste a reciprocidade). Note-se que, enquanto a alteridade e a bilateralidade são características imanentes à própria estrutura do direito como sistema de relações intersubjetivas, a exterioridade e a reciprocidade exprimem exigências ideológicas, e precisamente: a exterioridade exprime a exigência de que os fenômenos de consciência fiquem excluídos de qualquer ingerência exercida por órgãos públicos, enquanto a reciprocidade exprime a exigência da igualdade (formal) entre todos os cidadãos.

Indaga-se se além da relação jurídica há uma relação da vida prática preexistente que a norma intervém para regular, transformando-a em relação jurídica, ou se é a própria norma que cria tais relações. A resposta não pode ser unívoca, uma vez que a fenomenologia do direito verifica ambas as hipóteses. Às vezes, a norma jurídica reconhece e garante uma relação já preexistente *in rerum natura*, como é o caso, por exemplo, da filiação, a qual existe como um fato natural independentemente da norma jurídica que, sucessivamente (na ordem lógica, senão temporal), intervém para regulá-la. Outras vezes, é a própria norma que instaura a relação, como é o caso da relação tributária entre o contribuinte e o órgão encarregado da verificação e da cobrança do tributo, cuja relação não pode subsistir independentemente da norma que a cria no mesmo momento em que a regula.

No âmbito das relações jurídicas são considerados os sujeitos entre os quais a relação se instaura, a posição que ocupam na relação e o objeto a propósito do qual a relação se estabelece. Os sujeitos que concorrem para constituir a relação jurídica são chamados partes, para distingui-los dos terceiros, isto é, dos sujeitos estranhos à relação, mesmo que dela possam obter, indiretamente, vantagem ou prejuízo. A posição de qualquer das partes no seio da relação jurídica define a chamada (não sem alguma incerteza terminológica na doutrina) situação jurídica daquelas. O termo de referência externa da relação jurídica consiste, enfim, o seu objeto. Nos parágrafos seguintes, trataremos distintamente de tais elementos da relação jurídica, advertindo o leitor de que não existe na doutrina uma unanimidade acerca do significado e da extensão atribuídos aos conceitos que serão mencionados, por isso procuraremos nos ater às opiniões dominantes ou às mais amplamente partilhadas, ou àquelas que permitem, a critério de quem escreve, uma mais conveniente sistematização da matéria.

30. Os sujeitos da relação jurídica

Os termos pelos quais a relação jurídica se constitui são chamados sujeitos da relação; mais genericamente, sujeitos de direito são aqueles entre os quais podem constituir-se validamente relações jurídicas. A subjetividade (ou personalidade) jurídica manifesta-se na capacidade jurídica, ou seja, na capacidade de serem titulares de poderes e deveres jurídicos.

Sujeitos de direito são, em primeiro lugar, os homens ou pessoas físicas. Os ordenamentos jurídicos modernos reconhecem a subjetividade jurídica a todos os homens por força da sua própria condição humana, seja com certas modificações em relação à idade, ao sexo, e, às vezes, à raça ou condição social, mas os ordenamentos antigos a negavam aos escravos e, às vezes, também aos estrangeiros. Em contrapartida, a subjetividade jurídica era reconhecida também a seres subumanos e supra-humanos, como testemunham os numerosos processos intentados contra animais e até mesmo contra objetos inanimados, e os vários "pactos" estipulados com a Divindade.

As pessoas físicas não são, porém, os únicos sujeitos de direito, sendo tal qualidade atribuída pelo ordenamento jurídico também a certos entes que, para serem distinguidos dos primeiros, são chamados de pessoas jurídicas. As pessoas jurídicas são constituídas por um conjunto de pessoas físicas ou por um conjunto de bens, aos quais confere unidade o fato de serem organizados em vista do atingimento de um objetivo, e que o ordenamento jurídico considera da mesma maneira que as pessoas físicas, como sujeitos de direito, titulares de poderes juridicamente garantidos e de obrigações juridicamente sancionadas. A razão prática das pessoas jurídicas é que elas são consideradas um instrumento idôneo para o atingimento de objetivos (dos mais variados tipos: econômicos, culturais, religiosos, recreativos etc.) para os quais é necessário o concurso de mais pessoas, seja para a imposição dos meios necessários para a sua realização, seja porque ultrapassam a duração da vida humana.

As pessoas jurídicas dividem-se em associações (ou corporações) e em fundações (ou instituições). As associações são constituídas por um conjunto de pessoas físicas unicamente organizadas com vista a um objetivo; as fundações são constituídas por um conjunto de bens destinados ao atingimento de um objetivo. Nas primeiras, pode estar presente o elemento patrimonial (as associações têm geralmente um patrimônio), mas prevalece o elemento pessoal; nas segundas, pode estar presente o elemento pessoal (pelo menos na pessoa do fundador), mas prevalece o elemento patrimonial: em outras palavras, o patrimônio é elemento eventual e instrumental nas associações, e elemento necessário e essencial nas fundações. Entre as pessoas jurídicas, assumem grande importância os entes públicos providos de poder de império, e o primeiro dentre eles é o Estado.

Vale destacar que pessoas físicas e pessoas jurídicas têm um substrato real (as primeiras de natureza biológico-psicológica e, as segundas, de natureza político-social ou econômico-social), ou seja, existem *in rerum natura* como indivíduos ou como grupos organizados ou como conjunto de bens vinculados a um objetivo; e, todavia, ambas elevam-se à categoria de sujeitos de direito somente em virtude do fato de que o ordenamento jurídico as considera como tais. O reconhecimento da personalidade jurídica, seja das pessoas físicas seja das pessoas jurídicas, tem sempre um valor atributivo e constitutivo, e não apenas recognitivo e declarativo. Desta forma, perde importância a antiga polêmica sobre pessoas jurídicas, se elas são meras ficções ou realidades autênticas: na verdade, o seu substrato "real", como fenômenos sociais, adquire particular relevância que as faz sujeitos de direito somente em virtude de uma norma do ordenamento jurídico que lhes atribui a personalidade jurídica.

Dissemos que a personalidade jurídica se exterioriza na capacidade jurídica, ou seja, na capacidade de ser titular de direitos e de obrigações jurídicas ou, mais genericamente, de poderes e de deveres jurídicos. Distingue-se da capacidade jurídica a capacidade de agir, que diz respeito não à titularidade dos direitos e obrigações jurídicas, mas ao seu exercício. De fato, é possível ser titular de um direito, mas incapaz de exercê-lo: é o caso, por exemplo, dos menores e dos deficientes, ou seja, das pessoas (físicas) absoluta ou relativamente incapazes de entender e de querer: esses são titulares de direitos, mas não estão em condição de exercê-los validamente. Então, vem em seu auxílio o instituto da representação, graças ao qual outros sujeitos designados pelo ordenamento jurídico exercem os direitos e cumprem as obrigações dos incapazes de agir, em nome e no interesse desses últimos.

O problema do exercício dos direitos coloca-se de maneira diferente em relação às pessoas jurídicas. A doutrina menos recente considerava essas últimas como sujeitos incapazes de agir, cuja vontade deveria, portanto, manifestar-se como a dos menores, através de representantes legais. Hoje, ao contrário, prevalece o entendimento de que as pessoas físicas, investidas do poder de manifestar validamente a vontade das pessoas jurídicas, agem em virtude de uma relação especial chamada relação orgânica, ou seja, agem como órgãos da pessoa jurídica, como partes da sua estrutura de organização, razão pela qual a vontade por elas manifestada identifica-se com a vontade da pessoa jurídica: não há, como no caso da representação, uma dualidade de sujeitos, na qual um manifesta uma vontade própria em nome e no interesse do outro, mas há um único sujeito, a pessoa jurídica, que manifesta a sua vontade através de um órgão seu.

Ao conceito de capacidade jurídica das pessoas físicas vincula-se o de *status*. O *status* é uma qualidade jurídica relacionada à pertença de um sujeito a um grupo social, da qual resultam ao próprio sujeito direitos e deveres. Tendo o *status libertatis* perdido qualquer relevância prática com a abolição da escravatura, nos ordenamentos modernos os *status* são dois: o *status civitatis* e o *status familiae*, o primeiro relativo à pertença do sujeito à coletividade estatal, o segundo relativo à pertença do sujeito à coletividade familiar. O direito ao voto e o dever de prestar o serviço militar nascem do estado de cidadania; o direito do cônjuge à assistência e o dever correspondente ao outro cônjuge, e a obrigação de manter os pais nascem, respectivamente, do estado de cônjuge e do estado de filho.

Dos *status* distinguem-se as simples qualidades jurídicas, como a qualidade de herdeiro, ou de condômino, ou de sócio, ou de empreendedor etc., que designam situações ou atividades das quais se originam direitos e deveres.

31. As situações jurídicas subjetivas

A situação jurídica subjetiva é a posição que todo sujeito ocupa no contexto da relação jurídica: ela se estabelece normalmente entre dois sujeitos, dos quais um tem o dever de comportar-se de um certo modo e o outro tem um poder em relação ao primeiro para que ele se comporte daquele modo. Isso permite distinguir situações jurídicas em dois tipos fundamentais: as que impõem obrigações e as que atribuem poderes. As primeiras chamam-se situações jurídicas passivas; as segundas, situações jurídicas ativas. Dado que ao poder de um corresponde o dever de outro, a relação jurídica surge como a correlação de duas situações jurídicas de sentidos opostos e de igual conteúdo. Todavia, é muito freqüente ocorrer que da mesma relação surjam poderes e deveres recíprocos nos sujeitos entre os quais ela se estabelece. Tais poderes e deveres têm, às vezes, um conteúdo idêntico para ambos os sujeitos da relação, como o dever de fidelidade e de coabitação que é imposto a ambos os cônjuges; outras vezes, têm um conteúdo diverso: na relação, por exemplo, que se estabelece no contrato de compra e venda, o vendedor tem o dever de transferir a propriedade da coisa e o comprador, de pagar o preço.

Para definir dentro desse quadro as situações jurídicas elementares, é necessário, antes de tudo, mencionar a distinção, da qual se falou no § 18, entre normas de comportamento e normas de competência, ou seja, entre normas cujo objeto imediato é uma conduta, e normas, por assim dizer, de segundo grau, cujo objeto é constituído de outras normas. A norma que proíbe a circulação de veículos em uma certa área urbana pertence ao primeiro tipo; a norma que designa o órgão ao qual é atribuído o poder de firmar tal proibição pertence ao segundo.

Vejamos quais situações jurídicas se originam das normas de comportamento. Quando uma conduta (positiva ou negativa) é prescrita a um sujeito para a realização do interesse de outro sujeito, diz-se que o primeiro tem uma obrigação com relação ao segundo, e que este último é o titular de uma pretensão em relação ao primeiro, isto é, pode pretender legitimamente do primeiro o adimplemento da sua obrigação. Pretensão e obrigação têm entre si uma relação de correlação, no sentido de que à pretensão de um sujeito (situação jurídica ativa) corresponde uma obrigação do outro sujeito (situação jurídica passiva).

Desse primeiro par obtém-se outro por negação. Se o sujeito A não pode pretender do sujeito B um determinado comportamento, significa que B tem a faculdade, segundo a sua vontade, de ter ou não ter aquele comportamento. À ausência de pretensão do sujeito A corresponde uma ausência de obrigação, ou seja, uma faculdade do sujeito B: se o proprietário de um apartamento tem a faculdade de utilizá-lo como melhor lhe convier, ou de não utilizá-lo, assim é porque nenhum outro sujeito pode gabar-se de uma pretensão ao seu gozo.

Passemos, agora, ao exame das situações jurídicas elementares que se originam das normas de competência. Essas últimas, como se sabe, não regulam diretamente comportamentos, mas têm por objeto outras situações jurídicas. Se a vontade de um sujeito é vinculante para outro sujeito, isto é, se o primeiro, com uma manifestação de vontade sua pode, por assim dizer, "ditar a lei", ou seja, criar, modificar, transferir ou extinguir relações jurídicas, que se remetem ao segundo, diz-se que o segundo está sujeito a um poder do primeiro. O poder e a sujeição também têm entre si uma relação de correlação, no sentido de que ao poder de um sujeito (situação jurídica ativa) corresponde a sujeição de um outro (situação jurídica passiva).

Mediante a operação lógica da negação desse terceiro par, obtém-se um quarto. E, na verdade, se o sujeito A não tem qualquer poder sobre o sujeito B no que diz respeito a uma determinada relação, quer dizer que B é imune ao dever de suportar a vontade de A. À ausência de poder do sujeito A corresponde uma imunidade do sujeito B: o proprietário de um bem está imune de suportar os efeitos de um ato de disposição realizado por um terceiro, se o terceiro não tem o poder de representá-lo.

As oito situações jurídicas elementares, seguindo o esquema proposto por W. N. Hohfeld, foram de tal modo definidas por deduções, que podem ser dispostas como na seguinte tabela:

Situações jurídicas originadas por

normas de conduta		normas de competência	
pretensão	faculdade	poder	imunidade
obrigação	ausência de pretensão	sujeição	ausência de poder

A tabela evidencia as relações de correlação (indicadas pelas linhas verticais) e as relações de oposição, *aliás* de negação (indicadas pelas linhas oblíquas), que ligam as diversas figuras. Evidencia, outrossim, em que sentido é lícito afirmar que as situações jurídicas por assim dizer mais elementares, ou fundamentais, são duas: a obrigação, que é imposta pelas normas de conduta, e o poder, que é atribuído pelas normas de competência, já que todas as outras delas derivam por correlação ou por negação.

As situações jurídicas elementares podem ter várias combinações para dar vida a figuras jurídicas complexas. Entre elas ocupa um lugar historicamente privilegiado a do direito subjetivo, cuja expressão geralmente indica uma possibilidade (ou liceidade) de agir (*facultas agendi*) protegida pelo ordenamento jurídico. Para distinguir tal uso do termo "direito" do direito compreendido como regra do agir (*norma agendi*), a este último dá-se o nome de direito objetivo.

O direito subjetivo apresenta-se como um conjunto unitário (e unificador) de situações jurídicas elementares: isso indica um conjunto de faculdades, pretensões, poderes e imunidades que se encontram em um estado de habitual e constante ligação, e que são inerentes a um determinado sujeito em relação a um determinado objeto. O direito de propriedade, por exemplo, resulta de um conjunto unitário de faculdades (o proprietário de um imóvel pode utilizá-lo como melhor lhe convier, ou não utilizá-lo), de pretensões (pode pretender não ser molestado no gozo do imóvel e excluir os outros de tal gozo), de poderes (pode alugá-lo, aliená-lo, dele dispor por testamento e pode acionar a tutela jurisdicional contra eventuais molestações) e imunidade (não pode ser expropriado sem indenização); o titular de um direito de usufruto tem a faculdade de gozar da coisa, mas dela não tem o poder de dispor; ao titular de um direito de obrigações é reconhecida a pretensão de obter do devedor a prestação e também o poder de sujeitar os bens do devedor inadimplente à execução forçada etc.

A figura jurídica do direito subjetivo responde, substancialmente, a uma exigência de economia mental: essa não é nada além de uma fórmula abreviada, por assim dizer estenográfica, com a qual se denota uma vasta gama de situações jurídicas elementares que se apresentam geralmente ligadas. O direito subjetivo se identifica com a totalidade das situações jurídicas elementares que o constituem e nelas se resolve sem deixar sobras.

Uma classificação de grande utilidade é a que distingue os direitos subjetivos em absolutos e relativos. Direitos absolutos são aqueles que se exercem contra todos os outros sujeitos ou, como se diz, *erga omnes*. A eles pertencem as duas categorias dos direitos pessoais e dos direitos reais. Os primeiros, também chamados de direitos personalíssimos, dizem respeito à pessoa naquilo que ela *é*, os segundos dizem respeito à pessoa naquilo que ela *tem*. Direitos personalíssimos são o direito à vida, à integridade, à honra, à imagem etc. Consistem num conjunto de faculdades que, todavia, não se fazem acompanhar do costumeiro poder de disposição (isto é, o titular não pode aliená-los, nem tampouco renunciar a eles). Os direitos reais têm por objeto bens do mundo exterior, em relação aos quais ao titular é reconhecida toda uma série de faculdades e de poderes; os direitos reais, diferentemente dos direitos personalíssimos, são em regra disponíveis. Embora os direitos reais tenham como objeto as coisas, são sempre direitos referentes a pessoas, no sentido de que as coisas não são senão o ponto de referência exterior de relações que se estabelecem sempre e exclusivamente entre pessoas.

A categoria mais importante dos direitos relativos é constituída pelos direitos das obrigações, nos quais o elemento de maior destaque não é, como nos direitos absolutos, a faculdade, mas a pretensão: esses, de fato, atribuem ao sujeito titular (credor) a pretensão (legítima) de obter de um outro sujeito (devedor) uma determinada prestação. Os direitos das obrigações, assim como os direitos reais, são em regra disponíveis.

Na base dos direitos absolutos está o interesse em conservar a posse de um bem; sobre ele pode ser causada lesão por parte de qualquer sujeito (qualquer um pode ofender a minha honra, ou atentar contra a minha vida, ou subtrair um bem que me pertença). Na base dos direitos relativos está, por sua vez, o interesse em conseguir um bem com a colaboração (devida) de quem dele dispõe: portanto, podem causar lesão a ele somente os sujeitos obrigados à prestação daquele bem (os direitos que me competem como locador podem ser violados somente pelo locatário). Portanto, enquanto os primeiros são tutelados *erga omnes*, ou seja, contra qualquer que seja o sujeito que a eles cause prejuízo, os segundos são tutelados somente contra os sujeitos obrigados à prestação. Os direitos pessoais e os direitos reais têm em comum o fato de que a eles corresponde geralmente, por parte dos outros sujeitos, uma obrigação negativa, ou seja, uma obrigação de abstenção de certos comportamentos que possam constituir lesão ou turbação daqueles direitos. Aos direitos de obrigação, por sua vez, pode corresponder, por parte do sujeito passivo, tanto uma obrigação negativa, quanto uma obrigação positiva, consistente em um *dar* ou em um *fazer*.

A noção aqui exposta dos direitos absolutos como direitos *erga omnes*, aos quais corresponde por parte de todos os consociados um dever geral de abstenção de qualquer moléstia ou turbação, foi criticada sob o argumento de que ela implicaria a criação de inumeráveis relações jurídicas entre os titulares de tais direitos e cada um dos outros consociados – o que parece manifestamente absurdo. Buscou-se superar essa dificuldade por dois caminhos: ou afirmando que a relação jurídica, abstratamente possível em relação a todos os consociados, surja em concreto somente em relação àqueles que possam interferir efetivamente no direito subjetivo; ou afirmando que a relação jurídica surja verdadeiramente, com função reparatória (restituitória ou ressarcitória), no momento em que ocorre a lesão daquele direito, entre o seu titular e o autor da lesão.

Resta falar da relação entre o direito subjetivo e o sujeito de direito. A atribuição de um direito a um determinado sujeito chama-se titularidade. O poder de exercer um direito que compete a quem dele é titular dá lugar à figura da legitimação. Esses conceitos são considerados distintos, respectivamente, da capacidade jurídica e da capacidade de agir da qual se falou no parágrafo anterior. Na verdade, a capacidade jurídica é a capacidade abstrata de ser titular de poderes e de deveres jurídicos, enquanto a titularidade consiste na atribuição de um direito a um determinado sujeito. Da mesma forma, a capacidade de agir diz respeito à capacidade abstrata de exercício dos direitos, enquanto a legitimação consiste no poder de exercer um direito que compete concretamente a quem dele é titular. Pode-se dizer que a capacidade jurídica e a capacidade de agir estão para a titularidade e para a legitimação, assim como a potência está para a ação. Vale destacar porém que, às vezes, a legitimação diz respeito a outro sujeito que não o titular de um direito: assim, o representante é legitimado a dispor de certos direitos do representado, o credor que age em sub-rogação, se substitui ao devedor inativo no exercício de um direito desse último etc.

Problemática é a relação entre direito subjetivo e direito objetivo. Segundo a concepção jusnaturalista, que encontrou em Kant a sua mais rigorosa formulação, os direitos subjetivos (ao menos aqueles considerados fundamentais: à vida, à integridade, à propriedade etc.) precedem o direito objetivo, o qual não teria outra função senão a de fornecer a garantia da coação contra eventuais violações. Em sentido contrário, os juspositivistas afirmam que eles não são outra coisa, como explica Kelsen, além de uma técnica jurídica especial que subordina à manifestação de vontade de um sujeito a movimentação do mecanismo da sanção. A teoria jusnaturalista responde a uma exigência ideológica: a de subtrair alguns direitos ao arbítrio do Estado, o qual não só seria obrigado a reconhecê-los, mas também a tutelá-los, ou melhor, em tal tutela teria exaurida a sua função. O ponto de vista do positivismo jurídico não nega, no fundo, a existência dos direitos subjetivos, mas limita-se a destacar que eles nada mais são que criações do direito objetivo. A verdade é que na base dos direitos subjetivos existe um acontecimento da vida, um interesse material, mesmo hipotético, que eleva-se a direito somente em virtude do reconhecimento que dele faça o ordenamento jurídico e da tutela que a ele destine. Nesse sentido, é correto afirmar que todos os direitos subjetivos, enquanto direitos e não simples interesses, são uma criação do direito objetivo.

Um direito subjetivo é atribuído pelo ordenamento jurídico ao seu titular quando tal ordenamento julgar que o interesse desse último seja particularmente merecedor de tutela e, possa, além disso, ser mais bem satisfeito deixando ao titular uma esfera de liberdade dentro da qual lhe seja lícito agir (*agere licere*), conforme a sua vontade. A relação entre interesse e direito subjetivo é tão estreita que se pode reconhecer no primeiro o substrato material daquele conjunto de pretensões, faculdades, poderes e imunidades que constituem o segundo. Há, todavia, interesses que, embora não se alçando à categoria de direitos subjetivos, gozam de uma tutela limitada. Tais são as expectativas de direitos, os direitos limitados e os interesses ocasionalmente protegidos. Existem situações que estão em vias de tornarse direitos propriamente ditos e que determinam em certos sujeitos expectativas, às quais o ordenamento jurídico assegura uma tutela limitada. Fulano, por exemplo, institui Cicrano como herdeiro, com a condição de que ele se forme dentro de determinado prazo. Cicrano não pode herdar antes da formatura; todavia, a lei lhe concede alguns poderes, como os de realizar certos atos cautelares e conservativos tendentes a evitar que, nesse ínterim, os bens herdados sejam perdidos (art. 1.356 do Código Civil). O direito limitado (que mais corretamente deveria chamar-se direito suscetível de limitação) é, por sua vez, um direito tutelado *erga omnes*, mas não diante de um determinado sujeito que é titular de um poder discricionário: em outras palavras, é um direito que torna imperfeita a imunidade em relação a um sujeito ao qual competem determinados poderes. O direito de propriedade, por exemplo, situa-se como um direito limitado em contraposição à autoridade à qual é reconhecido o poder de requisitar ou expropriar o bem que constitua seu objeto. A figura do interesse ocasionalmente protegido tem lugar, por sua vez, quando o ordenamento jurídico não tutela diretamente o interesse do sujeito (como acontece no caso do direito subjetivo), mas somente por via eventual e indireta, quando da proteção de um interesse (geralmente um interesse público) ao qual está relacionado. O interesse do sujeito é satisfeito não mais através do adimplemento de uma obrigação, mas do exercício de um poder atribuído a outro sujeito. Se o ordenamento jurídico, mesmo não reconhecendo ao particular nenhuma pretensão à tutela do seu interesse, todavia lhe atribui o poder de estimular a administração pública à tutela do interesse público, o qual está ligado ao do particular, este último recebe o nome de interesse legítimo; do contrário, estamos na presença de um interesse simples.

Correlata à noção de pretensão é, como sabemos, a noção de obrigação, a qual conota, no lado passivo, aquela situação jurídica subjetiva que, no lado ativo, apresenta-se como pretensão. A obrigação é o dever jurídico de ter aquele comportamento que alguém está legitimado a pretender de nós. Entende-se que pretensão e obrigação são correlativos, e que uma não pode subsistir independentemente da outra; ambas têm a sua fonte no ordenamento jurídico o qual, ao atribuir a um sujeito uma pretensão, impõe ao outro o dever (jurídico, e não somente moral) de ter um comportamento conforme à pretensão do primeiro. No caso do não adimplemento da obrigação, ao titular da pretensão é reconhecido o poder (o chamado "direito de ação") de acionar o mecanismo judiciário destinado a obter do obrigado a execução forçada da prestação, ou, no caso da sua impossibilidade, o ressarcimento do dano.

No entanto, existem pretensões não acionáveis, isto é, às quais não está associado nenhum poder de ação: é o caso das obrigações naturais. Sabe-se do que se trata: o titular de um crédito prescrito ou de um crédito de jogo, ou o legatário indicado em um testamento inválido, não têm ação contra o devedor ou contra o herdeiro para obter o pagamento do débito ou o adimplemento do legado e, todavia, o devedor que pagar espontaneamente ou o herdeiro que espontamentamente executar a disposição testamentária não podem, portanto, requerer a restituição do que foi prestado. Nesses casos – e em outros análogos – o credor não tem o poder de realizar coativamente a sua pretensão, e todavia esta última – e a correlativa obrigação – subsistem, de tal forma que, caso o devedor a realize espontaneamente, o pagamento por ele executado não poderá ser considerado indébito (fundado como está sobre uma causa legítima), e ele, conseqüentemente, não pode requerer o reembolso ou a restituição do que foi prestado. Diz-se, portanto, que a obrigação natural é tutelada não por via de ação, mas por via de exceção.

Além disso, deve-se distinguir obrigação de ônus. Esse nasce das normas que chamamos "instrumentais" (cf. § 15), as quais não deixam a cargo dos destinatários a obrigação de cumprir determinados atos, mas prescrevem as modalidades que os sujeitos devem observar se quiserem obter determinados resultados. Diz-se, portanto, que a observância daquelas modalidades constitui para o sujeito um ônus, cuja inobservância tem, como conseqüência, o não-atingimento desses fins. O ônus nasce, substancialmente, do encontro de uma faculdade e de uma sujeição. O sujeito não tem a obrigação de se casar (mas tem, a faculdade), mas, se quiser contrair casamento válido, deve sujeitar-se às formalidades que a lei prescreve para que possa haver efetivamente um casamento válido. Vale observar que, enquanto a obrigação comporta o sacrifício de um interesse próprio em favor de um interesse alheio que o ordenamento jurídico tutela em preferência ao do obrigado, no ônus o sacrifício do interesse próprio é requerido para a tutela de outro interesse próprio que o sujeito considere preponderante com relação ao primeiro.

No âmbito dos direitos subjetivos estão os chamados direitos potestativos que a doutrina majoritária define como direitos em que o interesse do sujeito agente é tutelado mediante o poder conferido a ele próprio de criar, modificar ou extinguir unilateralmente situações jurídicas nas quais outros sujeitos sejam interessados. O direito do enfiteuta de resgatar a propriedade, do condômino de pedir a divisão, do locador de despejar o inquilino são citados como alguns dos muitos exemplos de direitos potestativos. Na realidade, nos casos acima mencionados não se trata de direitos autônomos (os direitos potestativos não são mais autônomos do que o são os direitos chamados facultativos, que são meras faculdades), mas de poderes que cabem aos respectivos titulares em conexão com outras situações jurídicas cujo todo constitui um determinado direito subjetivo. Assim, o enfiteuta, simultaneamente à faculdade de gozo da propriedade, tem também o poder de requerer a liberação; o locador, simultaneamente à faculdade de receber o aluguel, tem também o poder de despejar; o condômino, simultaneamente à faculdade de gozar da coisa comum e à pretensão de participar de seus frutos, tem o poder de requerer a divisão. A esse poder corresponde, do lado passivo, uma sujeição: o destinatário da manifestação de vontade de quem exerce um direito potestativo não pode senão suportar-lhe os efeitos, sem nada poder fazer para esconjurá-los.

Dos direitos subjetivos distingue-se claramente a autoridade. O conceito de autoridade origina-se da conjugação de um poder e de uma obrigação. Na autoridade, efetivamente, determinados poderes são atribuídos ao particular para a satisfação de interesses que não são especificamente seus: tais como a autoridade conferida aos pais sobre os filhos menores, os poderes atribuídos aos órgãos públicos no interesse da coletividade etc. Mas aqueles que são investidos de uma autoridade não estão livres para exercer ou não os poderes a eles conferidos no interesse de outros, – eles são obrigados a exercê-los; e a persecução de tais interesses não é confiada ao mero arbítrio do titular da faculdade, mas à sua prudente discricionariedade. Aquele que é investido de uma autoridade é, portanto, titular de poderes, cujo uso discricionário constitui para ele uma obrigação: isso costuma ser indicado pelos termos ofício ou, mais freqüentemente, função. Correlativamente à autoridade correspondem, do lado passivo do poder, uma sujeição e, do lado ativo da obrigação, uma pretensão. Assim, enquanto os administrados estão sujeitos ao poder da administração pública, os administradores públicos, por sua vez, podem ser chamados a responder pelo mau uso dos seus poderes. É oportuno alertar que a sujeição pode comportar tanto uma situação de desvantagem, como a de não poder se esquivar de uma sanção penal, quanto uma situação de vantagem – por exemplo, a promoção para um grau superior.

Para concluir o assunto, é oportuno mencionar algo sobre o abuso de direito. Genericamente, por abuso de direito pode-se entender um uso anormal de qualquer situação jurídica ativa. Normalmente, o eventual prejuízo que deriva a terceiros pelo exercício de um direito não dá lugar a ressarcimento: diz-se, portanto, que *qui suo iure utitur neminem laedit*. Todavia, o exercício do direito encontra certos limites de retidão e de boa-fé inseparáveis das exigências de uma convivência ordenada, cuja violação dá lugar ao fenômeno do abuso. No nosso ordenamento não existe uma proibição geral do abuso de um direito; todavia, numerosas disposições legislativas alcançam cada caso relacionado à figura do abuso: assim é a proibição de realizar atos emulativos, inúteis a si e nocivos a outros (art. 833 do Código Civil); é obrigatório aos contratantes comportarem-se segundo a boa-fé (art. 1.375 do Código Civil); é sancionada a nulidade dos negócios realizados por motivos ilícitos (arts. 1.343 e 1.345 do Código Civil); são anuláveis os atos administrativos realizados para fins diversos daqueles perseguidos pela administração pública (o chamado desvio de poder) etc.

32. O objeto da relação jurídica

Na sua acepção mais genérica, o objeto é o correlato do sujeito, é o termo de referência de qualquer atividade do sujeito, mesmo de uma atividade puramente cognitiva. Na linguagem jurídica o termo "objeto" assume significados diversos, conforme se refira à ciência do direito, à norma, à relação jurídica, ao direito subjetivo, à obrigação, à prestação etc. Assim, objeto da ciência jurídica são as normas jurídicas, objeto das normas jurídicas são os comportamentos por elas regulados, objeto da relação jurídica é o termo de referência exterior à própria relação, ou seja, do direito subjetivo ou da autoridade, de um lado, e do dever jurídico, de outro. Tal objeto é constituído pelas vantagens (patrimoniais e não-patrimoniais) que são o ponto de incidência dos interesses dos sujeitos da relação: tais vantagens podem consistir em bens ou serviços (prestações).

Bens são, acima de tudo, as coisas. Coisa é qualquer porção material do mundo exterior suscetível de ser utilizada pelo sujeito para a satisfação de uma necessidade sua. Todavia, nem todas as coisas são bens, e nem todos os bens são coisas. Não são bens as coisas que não são suscetíveis de apropriação, como as estrelas, a luz e o calor do sol, a água dos oceanos, exceto eventualmente aquelas porções que são separadas e encerradas em um recipiente (como o ar comprimido em um tubo ou amostras de água do mar ou de corpos extraterrestres capturados com objetivo de estudo). Na categoria das coisas que constituem bens no sentido jurídico entram as energias naturais, como o gás, a energia elétrica, a energia térmica, as ondas de rádio, enquanto perceptíveis diretamente pelos sentidos ou através de instrumentos especiais, e suscetíveis de apropriação.

Ao lado dos bens constituídos por coisas, e que por isso são chamados de bens materiais, colocam-se os bens imateriais, que são os produzidos pela atividade intelectual e criadora do homem, como as obras literárias, artísticas, musicais, teatrais, cinematográficas, as invenções científicas, as descobertas técnicas etc. Tais bens são tutelados pelo ordenamento jurídico através dos institutos do direito autoral (sobre obras literárias e artísticas) e do direito de registro e de patente (respectivamente para as descobertas científicas e as invenções técnicas). Os bens imateriais podem ser objeto de direitos patrimoniais, como o direito à utilização econômica da obra, da invenção ou do achado, e dos direitos não patrimoniais, como o direito de ser reconhecido como autor da obra, da invenção etc.: os primeiros são suscetíveis de alienação, os segundos são inalienáveis. Não se deve confundir com os bens imateriais as coisas nas quais a criação se materializa, como o livro, o quadro, a máquina etc.: a propriedade desses últimos é distinta da propriedade literária sobre o livro, da propriedade artística sobre o quadro, da titularidade do registro industrial.

Além dos bens, formam objeto de direitos os serviços. Os serviços são constituídos pelas atividades humanas que satisfazem diretamente determinadas necessidades: tais atividades são diretamente fruídas por aqueles que as utilizam, independentemente do fato de que sejam produtoras de bens. Basta pensar no desempenho dos trabalhadores autônomos e subordinados, nas atividades dos profissionais liberais, dos professores, dos atores, dos concertistas etc.

Do objeto da relação jurídica distingue-se seu conteúdo. Conteúdo da relação jurídica é tudo aquilo que o sujeito ativo da relação pode fazer ou pode pretender que outro faça, e tudo aquilo que o sujeito passivo deve fazer ou deve tolerar que outro faça. O conteúdo da relação jurídica é sempre um comportamento humano que pode ser ativo (ou comissivo) ou passivo (ou omissivo): isto é, pode consistir em um *facere*, em um *non facere* ou em um *pati* (ou seja, um deixar que outro faça). Analogamente, o conteúdo do direito subjetivo é o conjunto dos poderes que cabem ao seu titular: assim, o conteúdo do direito real é o conjunto das faculdades que cabem ao seu titular sobre algo; o conteúdo do direito das obrigações é o comportamento ao qual o devedor está obrigado e que o credor pode exigir dele. O conteúdo do direito não se identifica necessariamente com o seu objeto, tanto é que o mesmo bem pode ser objeto de direitos tendo conteúdos diversos: o mesmo apartamento, por exemplo, pode ser objeto do direito de propriedade de Fulano, de direito de usufruto de Cicrano e de direito pessoal de Beltrano que o recebeu em locação. Parece, por sua vez, que o objeto da relação e o seu conteúdo se identificam quando o primeiro é constituído de serviços.

Nota bibliográfica

Sobre o capítulo todo veja F. CARNELUTTI, *Teoria generale del diritto* (1940), ed. Foro Italiano, Roma, 1951; F. SANTORO PASSARELLI, *Dottrine generali del diritto civile,* Cedam, Padova, 1966. Sobre a qualificação das situações jurídicas veja W. N. HOHFELD, *Concetti giuridici fondamentali* (1913-17), Einaudi, Torino, 1969; R. NICOLÒ, *Istituzioni di diritto privato*, I, Giuffrè, Milano, 1962; F. GAVAZZI, *L'onere tra la libertà e l'obbligo,* Giappichelli, Torino, 1970.

Capítulo V
A justiça

SUMÁRIO: 33. Direito e justiça. – 34. As teorias cognitivistas da justiça. – 35. As teorias não-cognitivistas da justiça. – 36. Os conteúdos da justiça. – 37. A justiça como ideologia. – *Nota bibliográfica.*

33. Direito e justiça

Já observamos no § 11 que o direito, ainda que possa contar, em última instância, com a força que a sua observância coativamente impõe, conta sobretudo com o consenso dos destinatários das suas normas, que a elas ajustam a sua conduta com a convicção de que tais normas não são a expressão do mero arbítrio daqueles que detêm o monopólio da força, mas representam a regulamentação adequada e conveniente das relações intersubjetivas humanas. Daí a exigência de que o direito vigente ou válido (também chamado de positivo, enquanto *posto,* ou seja, criado, em conformidade com as normas de produção próprias de cada ordenamento) seja também justo, ou seja, em conformidade com os critérios ideais que devem presidir a boa condução e o desenvolvimento ordenado da coisa pública. Ao conjunto desses critérios ideais dá-se o nome de justiça.

Sabemos, de acordo com o § 20, que uma norma jurídica pode ser válida sem ser justa, e pode ser justa sem ser válida, e que isso não comporta qualquer contradição, uma vez que a validade (ou legalidade) diz respeito à conformidade da norma à norma de grau superior em virtude da qual é criada, enquanto a justiça concerne à conformidade da norma aos critérios ideais segundo os quais, acredita-se, devem ser reguladas as relações sociais. Convém destacar que o problema da legalidade diz respeito à legitimação (do uso) da força que, mediante a lei, institucionaliza-se, dando lugar ao fenômeno do poder, enquanto o problema da justiça diz respeito à legitimação (do exercício) do poder que, por meio do consenso, se transforma em autoridade. Se o poder não é senão a força institucionalizada, a autoridade não é senão o poder ao qual se dá uma legitimação; em outras palavras, podemos dizer que a legalidade diz respeito ao título do poder, ou seja, à fonte ou à investidura em virtude das quais é exercido por aqueles que o detêm, enquanto a justiça diz respeito ao exercício do poder, ou seja, o uso que dele se faz, o modo pelo qual é exercido.

O problema da justiça é o problema da busca do critério com base no qual uma certa conduta e a norma à qual ela parece inspirar-se possam ser avaliadas como justas ou injustas. Isto é, a justiça não é senão um critério de avaliação ou, como sucintamente se diz, um valor, e precisamente o valor que se realiza por meio do instrumento do direito. O problema da justiça, portanto, nada mais é que o problema do valor jurídico, do seu fundamento e dos seus conteúdos. Disso resulta evidente como ele está intimamente ligado ao problema do valor em geral, ou melhor, não é, definitivamente, senão um aspecto particular desse último problema, com referência ao qual, portanto, deve ser estudado.

O mundo da experiência é, como se sabe, muito mais vasto do que a realidade que constitui o objeto da descrição científica. Ela limita-se a registrar, catalogar e elaborar "fatos", mas o mundo não é feito só de "fatos": algumas coisas ou algumas ações nos parecem belas ou feias, boas ou más, justas ou injustas, agradáveis ou dolorosas; ora, noções como a beleza, a bondade, a justiça etc. escapam, por sua natureza, à descrição científica, toda ela voltada a estudar a qualidade *quae numero, pondere et mensura consistunt*. É evidente que um setor tão vasto da nossa experiência, e certamente não o menos importante, permanece alheio à consideração científica do mundo: é todo o universo dos valores (éticos, religiosos, estéticos etc.) que se subtrai e escapa à fria análise da ciência. Ao lado dos juízos de fato devemos, portanto, colocar os juízos de valor, que se fundam nos primeiros, mas os transcendem. É um juízo de fato que Beethoven tenha escrito nove sinfonias, e uma eventual discordância que se manifestasse sobre esse ponto poderia ser eliminada por meio do uso de técnicas adequadas de verificação; mas que a *Nona* é a mais bela das sinfonias escritas por Beethoven é um juízo de valor que exprime uma preferência pessoal de quem faz essa afirmação, e se por acaso surgisse uma discordância sobre tal juízo, as técnicas usuais de verificação não serviriam para eliminá-la.

Recordamos no § 13 que as proposições, ou seja, os enunciados dotados de significado, cumprem (pelo menos) três funções distintas da linguagem: a função descritiva, a prescritiva e a expressiva. A linguagem da ciência só conhece, e reconhece, as proposições declarativas, enquanto ficam excluídos do horizonte científico os usos prescritivo e expressivo da linguagem. Na verdade, somente as proposições descritivas são suscetíveis de serem "verdadeiras" ou "falsas", enquanto um comando pode ser válido ou inválido, uma ação pode ser boa ou má, justa ou injusta, mas não se pode propor em relação a tais juízos um problema de verdade ou de falsidade. Isso induziu alguns a unificar as proposições prescritivas e as valorativas na única categoria das proposições diretivas, distintas daquela das proposições descritivas, às quais somente são aplicáveis as noções de verdade ou falsidade. Ao universo científico constituído pelas proposições descritivas elas contrapõem o universo prático das proposições diretivas e negam que entre os dois universos da linguagem possa haver comunicação, assim como não há relação de implicação entre os juízos de fato e os juízos de valor: é a chamada "Grande Divisão" (*Great Division*), que atribui valor de verdade somente ao discurso descritivo e que, nas raias extremas, repele, como veremos, no campo do emotivo e do irracional, o discurso diretivo.

O problema da justiça, como de resto o problema relativo a qualquer outro valor em geral, lança uma dupla interrogação: por um lado, indaga em que consiste, efetivamente, a justiça (isto é, quais são as ações ou as normas justas);

por outro, questiona sobre qual justificativa se baseia a primeira resposta. Dado que o valor jurídico tem por objeto as ações humanas, o discurso que lhe diz respeito recai no mais vasto domínio da ética. Ora, a filosofia ética engloba precisamente duas espécies distintas de indagações. De um lado, ela tende a valorizar determinados critérios, do mesmo modo como se devem valorizar a bondade ou a correção das ações humanas; de outro, constitui uma reflexão sobre tais critérios, tendente a pesquisar-lhe criticamente o fundamento e a justificação. O primeiro tipo de investigação dirigida a ditar normas à ação humana recebe o nome de ética normativa; o segundo tipo de investigação, que tem por objeto as proposições da ética normativa, recebe o nome de metaética. O exame dos vários critérios em vias de serem propostos como conteúdo da justiça recai no âmbito da ética normativa; a investigação acerca do seu fundamento pertence ao domínio da metaética. Consideremos distintamente as principais propostas de solução dadas a essas duas ordens de problemas, a começar pelas doutrinas metaéticas.

34. As teorias cognitivistas da justiça

As teorias metaéticas sobre o fundamento da justiça podem dividir-se em duas categorias. À primeira estão adscritas as teorias segundo as quais os valores são qualidades inerentes às coisas ou às ações e como tais podem ser conhecidas: a elas dá-se o nome de teorias cognitivistas. À segunda categoria estão adscritas as teorias segundo as quais não pode dar-se propriamente o conhecimento dos valores, sendo eles expressões de estados de espírito subjetivos ou de escolhas preferenciais operadas pela vontade: a elas dá-se o nome de teorias não-cognitivistas. Cada uma dessas categorias apresenta-se, por sua vez, subdividida em especificações ulteriores. Assim, as teorias cognitivistas dividem-se em doutrinas empiristas, racionalistas e intuicionistas, conforme se considere que os valores possam ser conhecidos por intermédio da experiência, da razão, ou por meio de uma forma particular de conhecimento imediato que é a intuição. As teorias não-cognitivistas dividem-se, por sua vez, em teorias voluntaristas e emotivistas, conforme se coloque o fundamento dos valores na vontade ou no sentimento.

Examinaremos, neste parágrafo, as teorias cognitivistas, segundo as quais, vale repetir, os valores podem ser objeto de conhecimento empírico, racional ou intuitivo.

A) Para os empiristas a justiça é uma qualidade inerente às normas ou às ações, do mesmo modo pelo qual a cor vermelha é inerente à rosa e o movimento é inerente ao caminhar; e, exatamente como a cor e o movimento, é uma qualidade que pode ser averiguada empiricamente.

Uma primeira forma de empirismo (ou naturalismo) jurídico é constituída pelo utilitarismo, ou seja, pela doutrina segundo a qual a justiça se identifica com a utilidade. Típico é o utilitarismo da tradição filosófica inglesa que, na esteira de Hobbes e de Hume, desenvolveu-se até os nossos dias através da obra de Jeremias Bentham, de John Stuart Mill, de Herbert Spencer e de Bertrand Russell. Bentham, apropriando-se de uma fórmula de Beccaria, defendeu a tese de que o objetivo da legislação deve ser o atingimento "da mais completa felicidade pelo maior número de pessoas", e idealizou uma variedade de cálculos das utilidades de "aritmética moral", por meio da qual teria sido possível estabelecer se uma determinada ação produz no mundo mais prazer do que dor e, nesse caso, ela deve ser aprovada. Depois, Bentham – que tinha por certa a coincidência do interesse individual com o interesse coletivo – tornou problemática justamente a relação entre esses dois tipos de interesse. À passagem do útil individual para o útil coletivo, Stuart Mill procurou dar um fundamento psicológico-associacionista, e Spencer, um fundamento biológico-naturalista. O primeiro, para explicar como nascem os sentimentos desinteressados, partindo da busca do prazer serviu-se da lei da associação psicológica: vivendo em sociedade, diz ele, adquirimos o hábito de associar a nossa felicidade à dos outros e acabamos por eliminar o termo intermediário do nosso prazer com o desejar a felicidade do outro por si própria. Spencer, por sua vez, procurou dar um significado biológico ao utilitarismo, concebendo a justiça como o equilíbrio entre as condições do indivíduo e as do ambiente, equilíbrio sujeito às leis da evolução, às quais também obedecem os ideais morais e as estruturas políticas.

Um desenvolvimento para as teorias utilitaristas foi trazido recentemente por aqueles que propuseram a distinção entre utilitarismo da ação (*act-utilitarianism*) e utilitarismo da regra (*rule-utilitarianism*). O utilitarismo da ação, que, em última instância, é o tradicional, aplicava o princípio de utilidade a cada ação e sustentava que entre todas as ações possíveis compreende-se aquela que considerada em si só tem o efeito de produzir o máximo de felicidade para o maior número de pessoas. Segundo os defensores do utilitarismo da regra, não devemos olhar só para as conseqüências de cada ação, mas também para as conseqüências que teria a adoção como regra geral da máxima na qual aquela ação parece inspirada; as ações, portanto, devem ser avaliadas como boas ou más conforme estejam de acordo ou não com certas regras ou princípios morais; é somente quando se trata de adotar essas regras que se deve aplicar o princípio da utilidade e dar preferência àquelas que conduzem à maximização das satisfações.

Entre as teorias empiristas está, sob o perfil em exame, o jusnaturalismo que, nas suas diversas encarnações, atravessa toda a história da especulação filosófica em torno do direito, desde o seu surgimento, à época dos sofistas, até os nossos dias. O tema fundamental das doutrinas jusnaturalistas é a distinção entre aquilo que é justo por lei (νόμω δίκαιον) e aquilo que é justo por natureza (φύσει δίκαιον): além do direito positivo, que é válido enquanto *posto*, isto é, desejado pelo legislador e por ele *imposto* pela força, existe um direito natural que goza de uma validade intrínseca, porque fundado não sobre a vontade mutável dos homens, mas sobre a própria natureza. Desde a antigüidade não houve, porém, acordo entre os defensores do direito natural sobre o que se deveria entender por "natureza". Alguns, como os estóicos, entenderam por natureza o universo considerado na totalidade dos seus fenômenos, e consideraram que o direito deveria refletir, na esfera das relações humanas, a racionalidade e a própria ordem do cosmo. Outros, por sua vez, como os sofistas, fizeram apelo à natureza humana específica, ou seja, ao conjunto de qualidades, tendências, disposições que são consideradas típicas e, portanto, inatas, do homem. Na Idade Média prevaleceu a primeira concepção do direito natural, mas identificou-se, no geral, a ordem cósmica com a sabedoria ou com a vontade de um Deus pessoal. A Idade Moderna, caracterizada, como se sabe, por uma visão antropocêntrica do mundo, marca um retorno à concepção humanista do direito natural, cuja referência não mais se extrai do conjunto dos fenômenos cósmicos, mas da natureza própria do homem. A essa concepção inspiram-se, sobretudo, as doutrinas da escola "clássica" do direito natural, que dominou de várias formas o pensamento jurídico dos séculos XVII e XVIII. Segundo a opinião de Grócio, considerado o fundador dessa escola, há no homem uma tendência à sociabilidade (*appetitus societatis*), um desejo natural de viver em uma sociedade organizada e tranqüila. Por conseqüência, são justas as ações (e as normas que comandam essas ações) que pareçam idôneas a promover uma convivência ordenada entre os homens, enquanto são condenáveis as normas e as ações que possam turbar ou tornar impossível uma tal sociedade. Não há acordo entre os escritores filiados à escola jusnaturalista sobre a maneira de interpretar a natureza humana, vista de tempos em tempos como uma tendência à sociabilidade, instintiva (Grócio) ou interessada (Pufendorf), às vezes compreendida como caracterizada por sentimentos de simpatia e de benevolência com relação ao próximo (Locke, Rousseau), outras vezes pelo egoísmo e pelo instinto de autoconservação

(Hobbes, Spinoza), concebida por alguns como tendência à felicidade (Thomasius) e por outros como busca da perfeição (Leibniz, Wolff): todos têm em comum, porém, a convicção de que o fundamento do direito deve ser buscado na própria natureza do homem, nas suas tendências instintivas, nas suas necessidades fundamentais. A tarefa do filósofo é elucidar as leis necessárias e universais inerentes à natureza humana, tão objetivas quanto aquelas inerentes à natureza física, e essa busca pode ser conduzida somente com os meios oferecidos pela razão; e é na medida dessas leis necessárias e eternas que deve ser julgado o direito positivo.

Uma variante contemporânea da doutrina clássica do direito natural é a doutrina da natureza da coisa (*Natur der Sache*). Essa doutrina – ligando-se a um conceito conhecido na jurisprudência dos práticos, dos quais chegou até nós o brocardo *ex facto oritur ius* – desvia a atenção da natureza do homem para a da matéria a ser regulada. Segundo os defensores dessa teoria, existe um condicionamento objetivo da ordem jurídica, constituído pela própria natureza da relação a ser regulada, das concretas situações reais em que a norma deve operar. Segundo alguns, como Radbruch, a natureza do fato constituiria o extremo recurso que se oferece ao intérprete para preencher as lacunas da lei quando qualquer outro instrumento interpretativo se revele inadequado, mas, segundo outros, como Coing, é o próprio legislador que está vinculado objetivamente no que diz respeito às indicações que se originam da natureza da relação a ser regulada.

B) Os racionalistas concordam com os empiristas em considerar a justiça como uma qualidade inerente às normas e aos comportamentos, mas, ao contrário dos empiristas, os quais sustentam que a existência ou não de tal qualidade pode ser verificada empiricamente, pensam que ela seja revelada somente pela razão. Não que a razão não tenha nenhuma importância nas teorias naturalistas, mas nessas últimas ela assume uma função recognitiva e instrumental, ou seja, serve para reconhecer a norma ou a ação justa com referência, de tempos em tempos, à sua utilidade, ou à natureza do homem ou à natureza das coisas: são justamente essas últimas que constituem a fonte da justificação do direito, enquanto atribui-se à razão um papel instrumental de fonte de cognição. Para as doutrinas racionalistas, por sua vez, a razão é, simultaneamente, fonte de produção e de cognição do justo. Típico dessa orientação é o ensinamento de Kant, segundo o qual não se busca o fundamento do justo numa pretensa ordem natural, mas na própria racionalidade do homem. O direito, para Kant, origina-se da exigência da razão em conciliar a liberdade de cada um com a liberdade dos outros: no mundo da experiência a liberdade de cada um, ilimitada em si, se encontra e se choca com a liberdade dos outros e ambas se destruiriam reciprocamente se uma lei universal não tornasse possível a sua coexistência. Essa lei é a lei jurídica, que é justa se, e na medida em que, realiza essa coexistência das liberdades, ou seja, se sacrifica a liberdade de cada um, na medida em que pareça estritamente necessário para tornar possível a sua coexistência com a liberdade de qualquer outro, segundo um princípio universal. Como se vê, aqui a razão não tem uma simples função recognitiva do valor do justo, mas participa definitivamente da sua constituição, em uma síntese *a priori*.

A tese kantiana foi retomada recentemente por Richard M. Hare, segundo o qual os juízos éticos, como os juízos descritivos em geral, têm a característica de ser "universalizáveis". Quando dizemos que uma ação é boa, ao menos implicitamente convimos que qualquer outra ação, exatamente igual ou semelhante nos seus traços relevantes, seja também igualmente boa. Afirmar o contrário significaria, de fato, contradizer-se. Hare destaca o significado puramente lógico de tal princípio, mas não se opõe a reconhecer-lhe o seu peso na argumentação moral.

Ressalte-se que a forma de racionalismo jurídico de Kant não é a única, posto que as suas características se encontram naquelas correntes da escolástica que se reportam a S. Tomás, as quais afirmam que o fundamento da justiça repousa na racionalidade divina, da qual a razão humana não é senão um reflexo. Para o teologismo intectualista (que, como tal, se contrapõe ao teologismo voluntarista do qual falaremos mais adiante), é sempre a razão, ainda que seja a razão de Deus, a fornecer o critério da justiça, critério que a razão humana conhece no exterior de cada experiência, na medida em que participa da razão divina.

C) Os intuicionistas também pensam que a justiça é uma qualidade inerente às ações ou às normas que a regulam, mas, ao contrário dos empiristas e dos racionalistas, sustentam que tal qualidade não é nem empiricamente verificável, nem racionalmente demonstrável, mas pode ser conhecida somente por meio de uma faculdade peculiar que seria própria do homem e que é a faculdade da intuição.

O exemplo clássico dessa teoria nos é fornecido por Platão, segundo o qual, como se sabe, o Bem e a Justiça, que está estreitamente ligada ao primeiro como aquela virtude que o realiza na vida individual e social, são realidades transcendentes, arquétipos, modelos eternos que existem em um mundo ideal separado do nosso mundo sensível e, todavia, evidentes à consciência, de uma evidência que não é a evidência das coisas sensíveis, porque o Bem, assim como a Verdade, não é acessível aos sentidos, mas que, todavia, não é menos direta e imediata, podendo ser obtida mediante uma espécie de intuição intelectual, da qual o homem se torna capaz graças a um exercício diuturno de meditação e de ascese.

Um exemplo moderno de intuicionismo nos é dado por George Edward Moore, segundo o qual o bem é indefinível. Assim como não se pode explicar verbalmente o que é a sensação do amarelo para quem não a conheça, é igualmente impossível explicar o que é o bem a quem não o saiba. Moore não fala propriamente da intuição como do órgão especial por meio do qual nós conhecemos a noção de bem, mas faz um apelo ao senso comum, que revelaria, a quem não estivesse de má-fé, o que é o bem.

À intuição fazem, por sua vez, referência específica os partidários do método fenomenológico, segundo os quais é uma forma de intuição, precisamente a intuição eidética, aquela que nos permite colher as estruturas essenciais que constituem as formas *a priori* de toda possível experiência com a mesma objetividade e evidência com as quais se apresentam à intuição sensível os dados específicos de mesma experiência: tais estruturas ou essências não são concebidas, todavia, como subsistentes em si em um mundo que transcende a experiência, à maneira das idéias platônicas, mas são pensadas como imanentes à própria consciência, objetos intencionais do ato do pensamento. Os limites da pesquisa fenomenológica, assim determinados por Edmund Husserl, foram em seguida ampliados por obra de seus discípulos Max Scheler e Nicolai Hartmann, que, ao lado da intuição eidética que colhe os objetos enquanto presentes na consciência, deram lugar a outra espécie de intuição, a intuição emocional: o sentimento é o instrumento do conhecimento dos valores, que intui com os mesmos caracteres de objetividade e de evidência com que a intuição eidética colhe as essências eternas da realidade. Pensadores como Adolf Reinach e Gerard Husserl aplicaram esse método à recognição do valor jurídico. É oportuno, nesse ponto, advertir o leitor sobre o perigo de se confundir a intuição emocional da fenomenologia com o emotivismo do qual falaremos a seguir: para o primeiro, o sentimento obviamente constitui o instrumento pelo qual obtemos o conhecimento dos valores objetivamente existentes nas coisas, enquanto para o segundo, o sentimento é a própria fonte mesma dos valores, os quais não existem fora da nossa concepção subjetiva deles como tais.

35. As teorias não-cognitivistas da justiça

É próprio das teorias metaéticas não-cognitivistas a afirmação de que não é possível efetivamente conhecer os valores, e seu fundamento deve ser buscado na esfera da vontade ou do sentimento.

A) Um primeiro grupo de teorias não cognitivistas é constituído pelas teorias voluntaristas, que se configuram de maneira muito diversa e encampam doutrinas muito diferentes quanto à inspiração e às conseqüências, mas que se unem pelo primado da vontade.

A essas teorias pode-se remeter, antes de mais nada, o chamado materialismo jurídico, o qual se fundamenta sobre a consideração óbvia de que as leis são impostas pelos indivíduos ou pelos grupos socialmente mais fortes. À afirmação do sofista Trasímaco, citada por Platão, segundo o qual "justo é o que convém ao mais forte", aproximou-se nos nossos tempos a opinião de Marx, segundo a qual o direito exprime os interesses da classe dominante e está destinado a desaparecer, ao menos no seu aparato coativo, em uma sociedade sem classes, como a que se realizará na fase suprema do comunismo. Tenha-se presente que, provavelmente, Trasímaco e certamente Marx pretendiam "descrever" o que de fato acontece, em vez de manifestar uma opinião pelo que deveria acontecer em um mundo governado pela justiça.

Pertence às doutrinas voluntaristas o contratualismo que, concebido na Grécia, encontrou não poucos defensores na Idade Média e, portanto, obteve um posto de destaque na temática jusnaturalista. O contratualismo evidencia a origem convencional das leis: entre os cidadãos intervém um pacto tácito, pelo qual cada um respeita a paz social dos outros para que a sua seja, por sua vez, também respeitada. O contratualismo, todavia, só participa das doutrinas contratualistas caso se admita que o contrato tenha algum conteúdo, e na medida em que isso dependa, em última instância, do arbítrio dos contraentes – os quais poderiam, por exemplo, renunciar à própria liberdade em favor de algo maior, e tal renúncia não pareceria injusta, porque *volenti non fit iniuria*. Estamos, ao contrário, fora do horizonte voluntarista quando, como no pensamento de Rousseau antes, e de Kant depois, a idéia do contrato sofre um processo de racionalização pelo qual o contrato, que assinala a passagem do estado de natureza para o estado social e para o estado político, não pode ter um conteúdo qualquer, mas um único conteúdo de acordo com a razão que impõe a tutela da liberdade dos indivíduos e dos grupos, e a própria idéia do contrato, ao perder o quanto tinha de arbitrário e de eventual, para transformar-se em uma idéia reguladora da razão.

Materialismo e contratualismo confluem no estatismo, já que o Estado se rege ou pela força daqueles que detêm o poder ou pelo consenso dos consociados, ou por ambos de várias maneiras mescladas. O estatismo identifica-se quase sempre com o positivismo jurídico, pelo menos a partir do momento em que o estado moderno passou a monopolizar a produção normativa em nível legislativo. A expressão "positivismo jurídico" é aqui entendida no terceiro dos seus significados relembrados no § 20, ou seja, como aquela teoria metaética da justiça que identifica o direito justo com o direito vigente; ou porque considera que esse último, pelo simples fato de existir, realiza os valores próprios do direito (a ordem e a paz social, a certeza das relações intersubjetivas etc.), ou porque nega a existência de valores objetivos diversos daqueles que encontram expressão no direito positivo. Um exemplo clássico de tal concepção nos fornece Hobbes, o qual, no prefácio ao *De cive**, adverte ter escrito aquela obra "para que a justiça das coisas que se estejam por fazer sejam medidas segundo as leis do Estado, e não com discussões particulares ou segundo opiniões pessoais": é evidente que, aqui, legalidade e justiça são a mesma coisa, já que a medida da justiça é dada pela lei, e essa se identifica com a vontade do soberano, seja ele um monarca absoluto ou uma assembléia parlamentar. A ideologia do positivismo jurídico coloca-se nos antípodas dos jusnaturalistas: para os jusnaturalistas, uma lei é válida se é justa, para os positivistas é justa porque é válida. É significativo como na concepção política de Hobbes convergem motivos utilitaris-

---

* Trad. bras. *Do cidadão*, Martins Fontes, São Paulo, 3.ª ed., 2002.

tas, materialistas, contratualistas e estatistas: para Hobbes todo o direito se resolve na força natural do soberano, cujo querer identifica-se com o justo, mas isso após a renúncia dos súditos em utilizarem da própria força, renúncia ditada pela conveniência de assegurar a paz social.

Note-se, por fim, que no âmbito das doutrinas voluntaristas coloca-se aquela forma de teologismo que, mais que reportar-se à sapiência ou à razão de Deus, reporta-se à sua vontade. A corrente voluntarista retoma Santo Agostinho e os filósofos da escolástica tardia Duns Scot e William de Occam. Santo Agostinho enfoca que Deus não está submetido à ordem do universo, com a qual se identifica a justiça, mas dele é o seu autor, o princípio, a causa transcendente. Agostinho sustenta, porém, que essa ordem é eterna, porque a vontade de Deus não pode mudar. Mais radical, Scoto sustenta que a vontade de Deus, modificando-se ela própria, pode mudar a lei; e também para Occam não existe atitude má que não poderia tornar-se boa por vontade de Deus. *Iustum*, em suma, *quia iussum*, e não *iussum quia iustum*.

B) Dentre as teorias não-cognitivistas do valor em geral, e do valor jurídico em particular, o emocionismo (ou emotivismo), mesmo remontando a Hume, é talvez a mais recente, dado que deriva de toda aquela reflexão metodológica e epistemológica dos fundamentos da ciência do conhecimento que leva o nome de empirismo lógico (ou neopositivismo ou positivismo lógico), e que se desenvolveu sobretudo no período entre as duas guerras mundiais. Segundo Wittgenstein, do qual se ocupam os filósofos da chamada "escola de Viena", que promoveu o movimento neopositivista, existem três espécies de proposições: as tautológicas, as contradições e as proposições factuais. As tautológicas são sempre verdadeiras e as contradições são sempre falsas, qualquer que seja o significado dos seus termos: esses exprimem a compatibilidade ou a incompatibilidade lógica dos elementos que as compõem, e nada nos dizem sobre o mundo real. Os enunciados factuais são verdadeiros ou falsos, conforme sejam verdadeiros ou falsos os fatos que representam: a proposição "chove e venta" é verdadeira se, e somente se, aqui e agora, chove e venta. Os enunciados factuais são os únicos a ter um significado, já que a sua verdade ou falsidade pode ser verificada mediante a realização de certas operações. Além das tautologias, das contradições e dos enunciados factuais, verificam-se somente pseudoproposições, que não são somente insignificantes, mas insensatas: tais são as proposições da metafísica, às quais não corresponde nada de verificável, e também as proposições prescritivas e avaliativas, não tanto porque sejam falsas, mas porque para elas não se pode nem mesmo colocar o problema da sua verdade ou falsidade, não sendo conjecturável qualquer método de verificação que as tenha como objeto. Para os filósofos neopositivistas, a linguagem diretiva (compreendidas, como sabemos, as proposições prescritivas e as valorativas) tem um conteúdo puramente emotivo; dizer que "esta ação é boa" não acrescenta nada ao que sabemos sobre aquela ação, mas limita-se a exprimir o nosso posicionamento favorável a respeito e a estimular os outros a executá-la. Para esses autores, a justiça também não tem senão um significado emotivo, nada faz além de exprimir nossas preferências por certos comportamentos. Segundo Ross, por exemplo, diz-se "sou contrário a esta norma porque é injusta", mas o correto seria dizer: "esta norma é injusta porque sou contrário a ela"; invocar a justiça, continua ele, é como bater os punhos sobre a mesa, mesmo se quem a invoca está de boa-fé, "tão fácil é acreditar nas ilusões que estimulam as glândulas supra-renais".

Vale destacar que a teoria emocionista pode assumir duas formas: uma forma psicológica e uma sociológica, conforme o juízo de valor exprima a preferência pessoal daquele que fala ou da maioria das pessoas que compõe um determinado grupo. No primeiro caso, dizer que um determinado comportamento é justo significa simplesmente dizer que eu o aprovo; no segundo caso, significa afirmar que aquele comportamento é aprovado pela maioria das pessoas que compõe o grupo social ao qual pertenço, ou, no limite, pela maioria dos homens do mundo. Em ambas as hipóteses, porém, o juízo de valor não nos fornece informações acerca da natureza ou da qualidade da ação em si, mas somente acerca do meu comportamento ou o do meu grupo social a esse respeito.

Antes de concluir essa breve exposição, note-se que as teorias metaéticas da justiça podem também ser distintas em teorias absolutistas ou relativistas, conforme sustentem ser o critério do justo um critério absoluto, como tal imutável no tempo e universal no espaço, ou seja, válido para todas as épocas e para todos os povos, ou esteja condicionado pelas flutuações da história e das mutáveis opiniões dos homens: para as primeiras, a justiça é como a estrela polar que guia a humanidade no seu caminho eterno; para a segunda é ela própria um produto da história, das condições econômicas, sociais, culturais de cada comunidade, tal que, como observava Pascal, três graus de latitude bastam para entornar todas as idéias que lhe concernem. Pode-se observar, via de regra, que são teorias absolutistas o jusnaturalismo, o racionalismo jurídico, o teologismo jurídico nas duas versões intelectualista e voluntarista, o intuicionismo; são teorias relativistas o utilitarismo, o contratualismo, o estatismo, o positivismo jurídico e o emotivismo. É de observar que a distinção entre teorias absolutistas e teorias relativistas não coincide com aquela entre teorias cognitivistas e teorias não-cognitivistas, apesar de, sempre em via de regra e com as devidas ressalvas, se poder afirmar que as doutrinas cognitivistas tendem a tornar absoluto o critério de justiça, enquanto sustentam que se trata de um critério objetivo, inerente ao objeto, seja ele a ação ou a norma que a regula, enquanto as doutrinas não cognitivistas tendem a afirmar a relatividade do critério de justiça, que para elas é um critério subjetivo, originado de um ato da vontade ou impulso do sentimento.

36. Os conteúdos da justiça

Examinamos, nos dois parágrafos anteriores, as principais teorias metaéticas formuladas como fundamento da justiça; examinaremos, agora, que conteúdos foram mais freqüentemente atribuídos à idéia de justiça, observando que muitas vezes um mesmo conteúdo pode apoiar-se em fundamentos diversos e que, ao contrário, de um mesmo fundamento podem derivar-se conteúdos diversos.

Um primeiro conteúdo da idéia de justiça foi buscado no conceito de ordem. Se por justiça entende-se genericamente exatidão, precisão, congruência, correspondência a um objetivo – caso em que a palavra é sinônimo de "justeza" – o problema se coloca em termos de conhecimento da ordem universal que governa toda a realidade, e à qual também a vida e a conduta do homem estão subordinadas. A justiça surge, então, como um fato cósmico; não somente própria do homem, mas comum a todas as criaturas: *quod natura omnia animalia docuit* – segundo a famosa definição de Ulpiano. Os homens participam da justiça na medida em que se incluem na ordem universal.

Mas ao lado desse significado "cósmico" que encontrou na elaboração dos estóicos a sua primeira expressão madura, rapidamente passou a precisar um significado mais próprio e específico, pelo qual o âmbito da justiça ficou circunscrito ao comportamento social do homem: assim compreendida, a justiça não exprime mais qualquer uniformidade, mas somente a conformidade do comportamento humano à norma que o regula. Essa norma foi, sobretudo, a norma do Estado: fez-se consistir a justiça na obediência a essa lei, identificando-se com aquela que hoje chamamos legalidade. Os conceitos de ordem e de legalidade aparecem estritamente ligados, uma vez que lei significa normalidade, regularidade, certeza das relações sociais, previsibilidade das conseqüências da própria conduta e da conduta alheia. Uma vez que a ordem, seja ela qual for, é preferida à desordem e a legalidade ao arbítrio, e uma vez que qualquer lei assegura ao menos um certo grau de ordem às ações humanas, viu-se no princípio da legalidade, e ainda se vê, uma primeira encarnação da justiça, ou, no mínimo, o seu início. À justiça como ordem evocam, geralmente, os regimes autoritários, e neles também o princípio de legalidade assume uma função garantista, porque indica até onde se pode chegar sem incorrer nos rigores da repressão.

Todavia, não basta que a ação esteja de acordo com a lei; exige-se que a lei esteja de acordo com a justiça. O princípio da legalidade, que se exprime na fórmula "a cada um conforme o que lhe atribuir a lei", nos diz quando uma ação é justa, mas não nos diz quando é justa a lei. Chega-se, assim, a uma determinação ulterior da noção de justiça e à conseqüente busca de um critério do justo superior àquele fornecido pelas leis positivas, ou melhor, um critério ao qual as próprias leis positivas devem se adequar. Tal critério logo foi reconhecido no conceito de igualdade, do qual Aristóteles elaborou uma análise admirável. Aristóteles recebeu dos pitagóricos a idéia da justiça como igualdade, mas observou que tal princípio encontra uma aplicação diversa, conforme a igualdade seja compreendida em sentido aritmético como equivalência, ou em sentido geométrico como proporção, em que as duas diferentes formas que a justiça assume, correspondendo à igualdade aritmética a justiça comutativa, e à proporção geométrica a justiça distributiva.

A justiça distributiva preside as relações de direito público, ou seja, a distribuição dos benefícios e dos encargos sociais: ela estabelece uma relação entre uma coisa e uma pessoa, e visa que cada qual receba um tratamento proporcional ao seu valor. No seu significado mais geral, como observa Perelman, o critério da igualdade exige que as situações que apresentam os mesmos traços essenciais sejam reguladas do mesmo modo. Parece claro que tal definição é puramente formal, porque não nos diz nem quando os traços comuns a situações diversas devem ser considerados "essenciais", nem nos sugere o modo pelo qual devem ser reguladas as situações que apresentam as mesmas características essenciais. Surge, portanto, a necessidade de determinações ulteriores, que dêem um conteúdo concreto à noção abstrata de igualdade. Enumeramos aqui, a seguir, alguns desses conteúdos, não sem antes observar como cada um deles se apresenta como característica de um determinado tipo de sociedade: em uma sociedade de estruturas absolutamente democráticas e igualitárias não parece lícito introduzir gêneros de distinções na distribuição das vantagens e dos encargos; em uma sociedade de estruturas aristocráticas, o valor das pessoas, para fins de distribuição das vantagens da vida em sociedade, é indicado pela classe social, determinada unicamente pelo nascimento; em uma sociedade liberal-capitalista, esse critério é dado pela capacidade de afirmar-se na livre competição econômica, e essa capacidade é proporcional ao patrimônio; em uma sociedade socialista, o critério em questão é fornecido pelo trabalho individual, ou seja, pela contribuição dada por cada um para o bem-estar comum; em uma sociedade comunista, esse critério será oferecido pelas necessidades de cada um. "A cada um a mesma coisa", "a cada um segundo a sua classe social", "a cada um segundo a sua capacidade (ou o seu patrimônio)", "a cada um segundo o seu trabalho", "a cada um segundo as suas necessidades": são essas as principais fórmulas nas quais se especifica a justiça distributiva. A predominância convencionada a cada uma delas caracteriza, como já observamos, um certo tipo de sociedade, mas todas, de um modo ou de outro, estão presentes em qualquer sociedade, quando se trata de regular determinadas relações. Observe-se, ainda, que as especificações da justiça distributiva relativamente ao objeto são a justiça social e a justiça tributária: a justiça social exprime a exigência de uma igual participação de todos os consociados aos recursos naturais e aos benefícios econômicos; a justiça fiscal exprime a exigência de uma distribuição da carga tributária em medida progressivamente crescente em relação aos bens de cada um, de modo que sobre cada um recaia igual sacrifício.

A justiça comutativa preside as relações entre os particulares, sejam elas originadas de fatos lícitos, como os contratos, sejam relações originadas de fatos ilícitos, como os delitos. Essa forma de justiça estabelece uma relação entre duas coisas, e importa uma equivalência aritmética entre a prestação e a contraprestação nas obrigações originadas por contrato, e entre o ressarcimento e o dano nas obrigações originadas por ilícito. À justiça comutativa relaciona-se a justiça penal, a qual estabelece uma proporção entre a gravidade do delito e o valor da pena.

Na Idade Moderna, paralelamente à derrocada das perspectivas filosóficas que, partindo do *cogito* cartesiano, devia culminar na "revolução copernicana" operada por Kant, assistimos à substituição do conceito naturalista da justiça como igualdade pelo conceito espiritualista da justiça como liberdade. Preparado sobre o plano especulativo da elaboração da teoria dos direitos subjetivos inatos, feita pela escola jusnaturalista, sobre o plano político das revoluções da Inglaterra, da América e da França, e sobre o plano jurídico das várias "declarações dos direitos" que acompanharam a passagem do Estado absolutista para o Estado de direito, o novo conceito de justiça encontra a sua formulação definitiva em Kant, segundo o qual "uma ação é justa quando, por meio dela e segundo a sua máxima, a liberdade de um pode coexistir com a liberdade de qualquer outro, segundo uma lei universal". A justiça, portanto, identifica-se com a própria liberdade de cada um, a qual não conhece outro limite além da igual liberdade de qualquer outro. Note-se que a concepção da justiça como liberdade não está estreitamente ligada a uma concepção racionalista, como a kantiana, mas é encontrada junto a autores de tendências as mais diversas, como Spencer.

Outro critério de justiça, ao qual se referem sobretudo a escolástica e, no geral, a escola católica, é, enfim, constituído pela noção de bem comum, mas esse conceito pode ser diversamente compreendido, conforme indique o bem que o indivíduo pode conseguir apenas inserindo-se em uma sociedade (e, neste sentido, é sinônimo de bem social), ou indique o bem de todos, enquanto se opõe ao bem individual (e, neste caso, é sinônimo de bem coletivo). A doutrina que identifica a justiça com o bem comum encontra dificuldade justamente por essa ambivalência, não por sua indeterminação, uma vez que ocorrem determinações ulteriores para estabelecer em que consiste o bem da coletividade, enquanto separável do bem dos componentes individuais que a constituem, ou ao menos por sua soma: ela remete, definitivamente, a uma determinada concepção da sociedade que necessita ela própria ser justificada.

A essa altura, considero oportunas algumas observações: a primeira é que a igualdade e a liberdade, que constituem as determinações mais comumente aceitas para a noção de justiça, são termos correlatos. Na verdade, num mundo em que todos são iguais, todos são igualmente livres, uma vez que, pelo princípio da igualdade, ninguém pode ser obrigado a nada por outrem na medida em que ele próprio também não possa obrigar. E, correlativamente, num mundo em que todos são livres, todos são iguais, porque a liberdade de um termina onde começa a igual liberdade dos outros. Na prática, todavia, a excessiva liberdade muitas vezes gera a desigualdade (imagine-se as conseqüências de uma economia abandonada total e descontroladamente à iniciativa privada), e a igualdade deve necessariamente sacrificar um pouco da liberdade. Se a tônica recai sobre a liberdade, chega-se a uma concepção atomista da vida social; se a tônica recai sobre a igualdade, chega-se a uma concepção organicista da vida social. Unilateralmente desenvolvidos, o princípio da liberdade conduz ao individualismo, e o princípio da igualdade ao coletivismo. As teorias liberais do Estado estão marcadas pelo individualismo e as teorias socialistas, pelo coletivismo: umas e outras encontram no método democrático a sua mediação natural.

A segunda observação é que cada um dos critérios de justiça historicamente propostos é, ao mesmo tempo, formal e material: formal em relação aos critérios primordialmente determinados; material em relação a critérios mais gerais. Explico: o critério da justiça como igualdade é um critério formal, que propõe a pergunta: iguais em quê? Se a resposta for, por exemplo, "iguais no direito de gozar os frutos do próprio trabalho", esse último critério contém uma determinação material em relação à afirmação genérica de igualdade, mas se revela, por sua vez, absolutamente formal em relação às ulteriores determinações às quais remete: como se mede, por exemplo, o trabalho de cada um com a finalidade de obter-lhes os frutos? Segundo o esforço que requer ou segundo a excelência ou a utilidade do seu resultado? E, no primeiro caso, como se mede o esforço? E assim por diante. Igualmente, o critério da justiça como liberdade é um critério formal que requer uma pergunta: livres para fazer o quê? Se a resposta for: "livres para fazer tudo aquilo que não invadir a esfera de liberdade dos outros", essa resposta surgirá como uma determinação material com relação ao critério abstrato da liberdade, mas ela mesma se revela insuficiente e requer ser ulteriormente definida pela indicação de um critério que sirva para determinar o limite entre a esfera da minha liberdade e a esfera da liberdade dos outros.

A terceira observação é que, se a prevalência de cada um dos critérios de justiça examinados caracteriza os vários sistemas sociopolíticos, não parece conjecturável um sistema sociopolítico que se fundamente sobre um único critério dentre os acima mencionados, excluindo completamente qualquer outro. A verdade é que os vários critérios se encontram diversamente combinados nos diferentes sistemas, e também em relação à natureza diversa das relações às quais são aplicados. Se por acaso se tratasse de distribuir remédios, dificilmente poderia aplicar-se o princípio "a cada um a mesma coisa", sem levar em conta a natureza diversa da enfermidade que acometeu os doentes; entretanto, dificilmente se poderia prescindir do critério do mérito, caso se tratasse de atribuir um prêmio de rendimento escolar. Seria igualmente errado afirmar que a natureza da relação possa determinar, com caráter de necessidade, o critério com base no qual ele é regulado. Para recorrermos aos mesmos exemplos acima apresentados, é possível notar que, se estivesse em curso uma epidemia e a vacina estivesse no fim, surgiria o problema de escolher as pessoas em quem aplicá-la e, provavelmente, seria adotado o critério do mérito, escolhendo em primeiro lugar os médicos e outros agentes sanitários, e, no caso em que o prêmio de rendimento escolar consistisse não em uma medalha ou em um diploma, mas em uma bolsa de estudos, é muito provável que, entre dois estudantes igualmente merecedores, a preferência recaísse sobre aquele mais necessitado. De qualquer maneira, a escolha de um ou de outro critério é ditada em grande parte, como veremos, pela ideologia.

37. A justiça como ideologia

Quando se fala da justiça como de uma ideologia, é necessário indicar o que precisamente se entende por essa palavra. Prescindindo do mais antigo e já abandonado significado de ideologia como "ciência das idéias", o uso que hoje se faz da palavra remonta a Marx, que dela se serviu para indicar os sistemas de idéias, de opiniões e de crenças tendentes a justificar as posições de classe. À *Ideologia alemã** ele dedicou uma das suas obras especulativas mais importantes, na qual critica alguns expoentes da esquerda hegeliana, acusados por ele de proceder segundo pressupostos arbitrários não suscetíveis de verificação empírica; a eles Marx contrapõe a própria concepção realista da história, mediante a qual entende operar uma correção das imagens dos homens e das suas relações que os ideólogos "vêem invertidas como em uma câmara escura". É sabido que, para Marx, não as idéias, mas as técnicas da produção e as estruturas sociais que sobre elas se fundam, constituem o elemento condicionante da história, a qual é essencialmente luta de classes: o direito, a moral, a política, a religião – em síntese, as "ideologias" – não contêm em si nenhum valor de verdade; não são nada mais que superestruturas, "epife-

---

* Trad. bras. Martins Fontes, São Paulo, 2ª ed., 1998.

nômenos" das relações subjacentes que se estabelecem entre as classes, e servem para consolidar tais relações e mascarar, ao mesmo tempo, a sua costumeira realidade brutal. De tal maneira, resta fixada a contraposição entre teoria e ideologia, entre o que é verdadeiro conhecimento e o que é falsa ciência, fundada não sobre a realidade das coisas, mas sobre pressupostos imaginários; e também resta consagrado o significado fortemente depreciativo do termo "ideologia", transformado em sinônimo de disfarce de interesses, de má-fé, de mentira, de má consciência.

Uma mudança de perspectivas ocorreu somente com Karl Mannheim, fundador da sociologia do conhecimento. Mannheim generalizou o conceito de ideologia, afirmando que não só o pensamento do indivíduo ou de um determinado grupo social, mas todo o pensamento humano está condicionado pelo conjunto das opiniões correntes, pela estrutura mental, pela visão de mundo própria de cada época. A afirmação do inevitável condicionamento extrateorético do conhecimento leva à conclusão de que todo o saber é, de certo modo, ideológico, ligando-se à experiência existencial que está na base de todas as manifestações do costume e da cultura. É claro que, desse modo, o significado depreciativo do termo "ideologia", como a distorção mais ou menos consciente da realidade a serviço dos interesses de um determinado grupo social, constitui um significado valorativo do próprio termo, usado para indicar uma característica permanente e não eliminável do saber humano enquanto tal. Nesse contexto, a ideologia pode ser definida como um sistema de idéias, de opiniões e de crenças, partilhadas pelos membros de uma coletividade, relativas a certos fins que podemos chamar de "últimos", não porque sejam necessariamente pensados como definitivos e absolutos, mas porque não se colocam como relação de meio para atingir fins ulteriores.

Resta, portanto, consolidada, a diferença entre discurso científico e discurso ideológico. O primeiro tem uma função descritivo-informativa, ou seja, tende a fornecer informações sobre um objeto mediante sua representação; o segundo tem, por sua vez, uma função valorativo-prescritiva, ou seja, tende a influir na conduta humana quando das escolhas preferenciais. Ora, a diferença entre os dois tipos de discurso é manifesta. É próprio do discurso científico o sujeitar-se a formas específicas de controle, mediante as quais a sua verdade ou falsidade é apurada de tal modo a impor-se a todos com força cogente – dessa maneira, ninguém racionalmente pode rejeitar o consenso. Se afirmo que a soma dos ângulos internos de um triângulo plano é de 180 graus, posso demonstrar a verdade de tal enunciado mediante uma série de inferências, partindo de determinadas proposições aceitas como axiomas; se afirmo que a luz se propaga a uma velocidade de cerca de 300 mil quilômetros por segundo, posso provar a verdade desse enunciado mediante o uso de métodos apropriados de verificação. Se, ao contrário, afirmo a preferência por um certo sistema político ou por um certo regime familiar, em reforço de tais proposições não posso apresentar nem demonstrações (como na matemática), nem provas experimentais (como na física ou na biologia). Para aqueles que, como os neopositivistas, consideram que somente as proposições analíticas e as factuais são providas de sentido, o discurso ideológico, mesmo enquanto valorativo-diretivo não deduzível logicamente nem experimentalmente verificável, não pode ser privado de sentido; segundo eles, ele fica completamente fora da racionalidade, enterra as suas raízes no fundo emocional da natureza humana e volta-se não à inteligência, mas ao sentimento do homem. Dizer que "restituir o roubado é justo", nada mais é que exprimir um estado de espírito, é como colocar uma série de pontos de exclamação depois da frase "restituir o roubado", com o objetivo de induzir os outros a comportar-se da forma como desejamos.

A perspectiva neopositivista deve ser censurada pela parcialidade e limitação, posto que limita a função da razão ao âmbito restrito da verdade analítica e factual, relegando às raias da insignificância e do absurdo toda uma esfera da experiência humana, na qual a razão tem algo a dizer. Não é sem significação que, enquanto a lógica dedutiva, através do uso dos símbolos e do cálculo, se encaminhou rumo a uma maior formalização que lhe abriu novos domínios para o antes insuspeitável, vai-se redescobrindo e revalorizando aquele outro ramo da lógica que é a tópica ou retórica, a qual se não chega, como a primeira, a resultados apodíticos, todavia nos permite trazer para o domínio da razão aqueles setores da experiência que, por sua natureza, se subtraem à possibilidade de uma verificação ou de uma demonstração. É justamente o caso do discurso avaliativo-diretivo, em cujo âmbito recaem as ideologias. Um determinado sistema de valores não pode ser logicamente deduzido ou empiricamente verificado, mas pode ser justificado por argumentos que, se não se impõem pela necessidade da demonstração ou pela irrefutabilidade do experimento, todavia fornecem as razões das nossas escolhas: esses são os "raciocínios" que, apesar de não serem dotados de força cogente, não chegam a obrigar o interlocutor ao consenso; para usar uma nítida distinção kantiana, diremos que eles podem persuadir, mesmo que não tenham a força de convencer. O valor dos argumentos retóricos não é obviamente o mesmo: varia dos argumentos *ad hominem*, válidos para um único interlocutor, até, no limite, aos argumentos que deveriam valer para aquilo que Perelman, grande teórico da "nova retórica", chama de "auditório universal", e cuja força seria igual àquela de uma demonstração propriamente dita. Entre um extremo e o outro há lugar para toda uma gama de matizes, correspondentes à maior ou menor força persuasiva dos argumentos adotados.

A maneira de considerar a justiça como um valor, e o valor como termo de um discurso de tipo ideológico, impõem o dever de esclarecer em que medida e de que forma a razão opera na determinação e na escolha dos seus conteúdos, observando que ela opera em nível lógico-sintático, em nível factual e em nível propriamente ideológico.

Imaginemos que dois interlocutores estejam de acordo sobre a necessidade (moral) de punir os Estados que se tornem culpados por agressão, mas discordem sobre a necessidade de punir o Estado S, enquanto o primeiro interlocutor sustenta que ele tenha cometido agressão e, o segundo, que tenha agido em legítima defesa. Entre os dois interlocutores há um acordo de posicionamento (ambos concordam que é justo adotar sanções contra o Estado agressor) e divergência de opinião (um sustenta que S seja um Estado agressor, o outro sustenta o contrário). Essa divergência pode ser eliminada com o uso de técnicas de verificação, por meio das quais permanece assegurado, por exemplo, que o Estado S não agiu em legítima defesa, mas por puro espírito de conquista, uma vez que nenhuma ameaça real colocava em risco a sua segurança.

Formulemos agora uma outra hipótese: um dos dois interlocutores declara-se favorável à introdução da pena de morte, enquanto o outro declara-se contrário. É claro que a divergência é de posicionamento (em relação à pena de morte) e que, como tal, não pode ser eliminada mediante técnicas de verificações factuais. Todavia, os dois interlocutores concordam que a vida humana deve ser respeitada em ambos os casos: a essa altura será fácil ao segundo interlocutor convencer o primeiro sobre a injustiça da pena de morte, já que ela é incompatível com o princípio aceito de respeito incondicionado pela vida humana. Aqui a concordância é alcançada pelo uso de uma técnica lógico-dedutiva que permite "demonstrar" que, admitido o princípio do respeito incondicionado pela vida humana, se deve condenar, por coerência lógica, a pena de morte.

Mas, elaboremos uma terceira hipótese: um dos dois interlocutores é favorável à introdução do divórcio, o outro é contrário. Aqui também a divergência é de posicionamento, e tem por objeto uma certa concepção ético-religiosa da família. Essa divergência é de natureza ideológica e não pode ser resolvida nem pelo uso de técnicas de verificação (uma vez que o princípio da família indissolúvel não é obviamente um fato verificável), nem pelo uso de técnicas lógico-dedutivas (uma vez que os dois interlocutores, por hipótese, não estão de acordo sobre algum princípio mais geral do que aquele relativo à sua concepção sobre a família). Isso significa que a discordância dos dois seja insuperável? Não necessariamente, porque, se cada um dos dois interlocutores não pode "convencer" o outro, pode pelo menos tentar "persuadi-lo" mediante o uso de argumentos adequados que valorizem o próprio ponto de vista: isto é, o acordo pode ser alcançado pelo uso de uma técnica argumentativa ou retórica que persuada o interlocutor com base no absoluto bom senso (senão pela absoluta racionalidade) de uma escolha particular.

É preciso precaver-se dos erros de identificar a ideologia com a mentira e a persuasão com a opinião mais ou menos ingênua, cujo valor de verdade seja quase nulo. Não se pode esquecer que a verdade do discurso ideológico é diferente da verdade do discurso científico: ela se coloca sobre um plano, por assim dizer, existencial, e extrai o seu sentido e a sua convalidação da totalidade da experiência vital do homem, a qual não é só e necessariamente experiência científica. Peca, portanto, pelo dogmatismo e pela parcialidade quem nega que o discurso ideológico tem um sentido, só porque tal sentido é diferente daquele do discurso científico e que corresponde à sua função específica apreciativo-diretiva. Peca, igualmente, por dogmatismo, quem queira atribuir ao discurso ideológico um valor apodítico e absoluto, esquecendo o condicionamento extrateorético e sociocultural das nossas opiniões. A consciência do seu condicionamento nos alerta contra a tentação de tornar absolutas as nossas opiniões, e nos torna conscientes do fato de que a nossa verdade nunca é uma verdade "total", nos preserva da intolerância, nos ensina o respeito pelas opiniões alheias também quando contrastam com as nossas, nos torna abertos a um diálogo civilizado e construtivo que, enquanto tal, não deve ser um entrelaçar-se de dois monólogos, não deve esconder a recusa apriorística de modificar, se for o caso, os nossos convencimentos ideológicos e aceitar o ponto de vista do interlocutor.

Nota bibliográfica

Sobre o capítulo todo veja G. FASSÒ, *Storia della filosofia del diritto*, 3º vol., ed. Il Mulino, Bologna, 1966-70. Sobre as mais recentes teorias científicas e filosóficas em torno do direito cf. G. LUMIA, *Il diritto tra le due culture*, Giuffrè, Milano, 1971.

Sobre o jusnaturalismo remete-se à bibliografia indicada na p. 65. Sobre o conceito de direito natural veja S. COTTA, artigo "Diritto naturale", *in Enciclopedia del diritto*, cit., vol. XII, 1964, pp. 647-53.

O último dos tratados tradicionais sobre a justiça é o de G. DEL VECCHIO, *La giustizia* (1923), ed. Studium, Roma, 1951; o primeiro dos tratados analíticos é o de CH. PERELMAN, *La giustizia* (1945), Giappichelli, Torino, 1959. Além das obras já citadas de Ross e de Hart, veja, de KELSEN, "La giustizia" (1953), *in I fondamenti della democracia*, ed. Il Mulino, Bologna, 1966, pp. 647-53, e *Il problema della giustizia* (1960) [trad. bras. *O problema da justiça*, Martins Fontes, São Paulo, 3ª ed., 1998], Einaudi, Torino, 1975; cf. também N. BOBBIO, *Lezioni di filosofia del diritto*, Giappichelli, Torino, 1946, e "Sulla nozione di giustizia", *in Archivio giuridico T. Serafini*, 1952, pp. 16-33 e E. OPOCHER, *Analisi dell'idea di giustizia*, Giuffrè, Milano, 1977.

Sobre a "universabilidade" dos juízos éticos veja R. M. HARE, *Libertà e ragione* (1963), il Saggiatore, Milano, 1971. Sobre o papel da razão nos juízos de valor cf. U. SCARPELLI, "È possibile un'etica razionale?", *in Rivista di filosofia*, 1976, pp. 3-25. Sobre a distinção entre divergência de opinião e divergência de posicionamento cf. CH. STEVENSON, *Etica e linguaggio* (1944), Longanesi, Milano, 1962.

APÊNDICE

Notas da história da filosofia do direito

(Tradução: Karina Jannini)

§ 1. A *mitologia grega* relacionou o *ethos* (a ordem ético-jurídica) ao *cosmos* (a ordem universal) e ambos à vontade de Zeus. Têmis é a conselheira de Zeus, legislador universal. Da união de Zeus com Têmis nascem Dike, a deusa dos julgamentos, que impõe a ordem, se necessário com uso da força, e suas irmãs Eunóia, a deusa das boas leis, e Irene, a deusa da paz.

§ 2. Os *pitagóricos* também recorreram à razão numérica para definir a ordem ético-jurídica e identificaram a justiça com o conceito de equivalência, de igualdade entre dois números. Para eles, a justiça consistia no *antipeponthòs*, dando a essa expressão o significado de retribuição em quantidades iguais (*Sobre a natureza*, de Filolau, discípulo de Pitágoras).

§ 3. O mérito dos *sofistas* foi ter descoberto a distinção entre a objetividade e a subjetividade, que, transferida para o campo do direito, levou a outra distinção entre o justo natural (*fùsei dikaion*), objetivo e subtraído à vontade dos homens, e o justo legal (*nomo dikaion*), subjetivo e relativo à vontade dos homens.

Alguns sofistas (Hípias, Górgias, Antifonte) reconheceram a existência de um justo por natureza, fora e acima das leis positivas da pólis. Outros (Protágoras) negaram que existisse um justo por natureza e, como o próprio Sócrates, justificaram as leis positivas em razão das vantagens que a sua observância traz para os homens e para a sociedade.

Às correntes céticas juntam-se aquelas materialistas, lideradas por Trasímaco e a Calicles. Segundo Trasímaco, "justo é aquele que é útil ao mais forte". Também para Calicles, a lei natural consagra a prevalência dos fortes sobre os fracos, e ele explica as leis positivas como o produto de uma aliança entre os fracos para tirar dos mais fortes o uso da força.

§ 4. Platão (428-348 a.C.) substitui a distinção entre direito natural e direito positivo, pensados um ao lado do outro e ambos válidos por si só, por outra entre direito positivo e direito ideal: este constitui a idéia do direito, a forma ideal ou o modelo do direito positivo; a validade deste último só pode derivar da sua conformidade com o modelo.

A concepção da justiça platônica, exposta no diálogo *Sobre a república*, resume-se na fórmula *ta eautuo prattein* (*suum negotium gerere*). A justiça é o cumprimento da tarefa atribuída a cada um, mantendo-se nos próprios limites e sem invadir a esfera destinada aos outros. Ela só pode ser realizada no âmbito de um Estado organizado segundo a razão, no qual o cidadão não pode sair da esfera de atividade que lhe foi conferida, de acordo com um plano racional, e no qual cada classe cumpre sua missão específica: os sábios governam o Estado, os guerreiros o defendem, e os "demiurgos" o nutrem. Num diálogo posterior, *Sobre as leis*, Platão atenuou essas teses que lhe pareceram claramente utópicas.

§ 5. Para Aristóteles (388-322 a.C.), a justiça também se realiza no Estado, uma vez que o homem é um animal essencialmente "político", e consiste na constante vontade de obedecer às leis da pólis. O princípio da justiça é a igualdade, porém entendida por Aristóteles não como mera troca material, mas como correspondência de valores. Tal princípio aplica-se de modo diferente, conforme a própria igualdade seja concebida aritmeticamente como equivalência ou geometricamente como proporção, sendo que à igualdade em sentido aritmético corresponde a justiça comutativa, que se aplica às trocas e ao direito penal, e à igualdade em sentido geométrico corresponde a justiça distributiva, que se aplica à distribuição dos encargos e das honras públicas, para que cada um dos consociados receba um tratamento proporcional ao seu mérito.

No tratado *A política**, Aristóteles descreve a tríplice distinção dos Estados em monarquias, oligarquias e democracias, que degeneram respectivamente em tiranias, oligarquias e demagogias, quando o bem de quem comanda prevalece sobre aquele dos consociados.

§ 6. À *Escola epicurista* remonta a sorte da teoria do contrato social (porém, já formulada, dois séculos antes, por Licofron, discípulo de Górgias). Os homens consentem com a observância das leis em virtude da vantagem que delas tiram. Entre eles existe um pacto tácito, pelo qual cada um se abstém de perturbar a paz alheia para que sua paz individual também não seja perturbada pelos outros.

§ 7. Segundo os *estóicos*, a lei natural governou os homens durante a Idade do Ouro, mas, uma vez corrompidos, os homens tiveram de sair do estado natural e criar ordenamentos particulares, cujos preceitos não são puramente racionais, mas uma espécie de acordo entre a pura racionalidade e a conveniência. Os sábios deveriam abrir mão da vida social, para não serem obrigados a obedecer a tais preceitos irracionais e para permanecerem fiéis ao direito natural.

§ 8. O conceito de um direito natural passou da escola estóica aos *juristas romanos*. Cícero (106-45 a.C.) afirmou que o verdadeiro direito, absolutamente válido, é aquele que provém da *recta ratio diffusa in omnes*, e que não são verdadeiras as leis diferentes da lei natural. Para o jurisconsulto Ulpiano, *ius naturale est quod natura omnia animalia docuit* e se resume nos três preceitos *honeste vivere, neminem*

---

* Trad. bras. Martins Fontes, São Paulo, 2.ª ed., 1998.

laedere, suum cuique tribuere. Celso definiu o direito natural como *ars boni et aequi*, e, de modo semelhante, Paulo o fez ao afirmar *id quod semper aequm et bonum est*. Em todas essas afirmações, é evidente a confusão entre elementos éticos e elementos jurídicos.

§ 9. É mérito da jurisprudência romana ter introduzido a noção, desconhecida para o mundo grego, de subjetividade jurídica, como titularidade de direitos que dizem respeito ao homem como membro da comunidade familiar e da *civitas*.

O *cristianismo* estendeu esse conceito, chegando à noção de personalidade, noção não apenas jurídica, mas também metafísica e ética, como caráter universal do homem como tal.

§ 10. Santo Agostinho (354-430) distinguiu uma *lex aeterna*, que exprime o ordenamento da criação que emana da vontade de Deus (*iustitia ipsa voluntas Dei est*), e uma *lex naturalis*, que é a consciência que o homem tem dos seus deveres morais e que não passa de um reflexo da lei de Deus na sua alma.

O Estado é concebido por Santo Agostinho tanto como *civitas terrena*, produto do pecado, em oposição ao reino de Deus ou *civitas Dei* (parcialmente já realizado na terra pela Igreja), quanto como *ordinata imperandi atque oboedendi concordia civium* e, portanto, como expressão, embora imperfeita, de uma ordem de justiça.

§ 11. São Tomás (1225-1274) acolhe a distinção entre lei eterna e lei natural. Porém, diferentemente de Santo Agostinho, ele relaciona a lei eterna (*gubernativa ratio totius universi*) não com a vontade, mas com a racionalidade divina. Deus só pode querer o que a sua santidade lhe sugere como intrinsecamente justo: *sanctitas divina antecedenter ad voluntatem divinam*.

A lei natural é *partecipatio legis aeternae in rationali creatura*, e exaure todo o campo da ética. Escapava, portanto, a São Tomás a diferença entre direito e moral pelo lado objetivo, ou seja, em relação à lei. No entanto, ele tinha um certo pressentimento, pelo lado subjetivo, quanto ao que concerne à virtude humana: de fato, entre as virtudes ele inclui a justiça, à qual atribui, como caracteres distintivos, a alteridade e a exterioridade, que são os caracteres do direito.

Da lei natural descende, por fim, a lei humana, que é justamente a criação do homem. Todavia, esta não pode abarcar todo o campo da lei natural (*non omnia vitia prohibere potest*), mas é apenas uma sanção parcial da lei moral por meio da autoridade política. A lei humana pode derivar da lei natural *per conclusionem* ou *per determinationem*, conforme represente o resultado de premissas da lei natural ou constitua uma especificação maior daquilo que está contido nela.

§ 12. A tarda escolástica retornou à concepção voluntarista que já havia sido de Santo Agostinho. Desse modo, Duns Escoto (cerca de 1265-1308) concebeu a lei natural como expressão da vontade de Deus, que por isso poderia, mudando a si própria, mudar radicalmente a lei. Analogamente, segundo Guilherme de Occam (cerca de 1300-cerca de 1350), não existe ato que seja ruim, a não ser quando proibido por Deus, e que não possa se tornar bom, se assim Deus comandar.

§ 13. O ponto de vista contratualista foi defendido, no século XVI, pelos chamados *monarcômacos* (Hubert Languet e Georges Buchanam, aos quais pode-se associar Giovanni Althusius), que, por ódio ao absolutismo monárquico, proclamaram que todo poder em origem é do povo e apenas por delegação do rei, o qual deve usá-lo no interesse do povo. Se o rei governar mal, o povo tem o direito de destituí-lo do poder e de puni-lo.

§ 14. De opinião totalmente diferente foram Maquiavel, Bodin e Suárez.

O italiano Nicolau Maquiavel (1469-1527), atento à "realidade efetiva" e, portanto, profundamente pessimista acerca da natureza humana, recomenda ao príncipe a observância dos preceitos morais somente se estes não formarem um obstáculo à sua política de potência.

O francês Jean Bodin (1530-1596) foi o primeiro a teorizar o conceito de soberania como sendo de uma autoridade *superiorem non recognoscens*. O soberano, que pode ser um monarca, um corpo oligárquico ou uma assembléia, é *legibus solutus*: ele pode derrogar as leis dos seus predecessores e também aquelas que ele próprio promulgou, sendo obrigado a respeitar somente aquelas de Deus e da natureza.

Para o jesuíta espanhol Francisco Suárez (1548-1617), maior expoente da Segunda Escolástica, a *lex aeterna* não pode obrigar por si mesma porque não é promulgada exteriormente. Em contrapartida, as leis positivas obrigam plenamente, sejam elas as leis divinas positivas, sejam as leis humanas que carregam a marca da vontade do soberano.

§ 15. A Escola de direito natural, que floresceu nos séculos XVII e XVIII, viu no direito natural não um comando de Deus, mas uma exigência natural, uma comando da natureza, quer esta tenha sido concebida como racionalidade ou como pura necessidade natural. A lei natural, inicialmente concebida como um reflexo da *lex aeterna*, passa então a ser identificada com a ordem imanente da natureza (física ou humana), ordem essa que os homens podem descobrir sem serem iluminados pela revelação, ou seja, apenas com as forças da razão. Todos os representantes da Escola jusnaturalista concordam ao reconhecerem na natureza humana, ainda que entendida de diversas formas, a fonte da validade do direito (*principium essendi*) e, na razão, a fonte do seu conhecimento (*principium cognoscendi*).

§ 16. Conceitos comuns aos autores da Escola jusnaturalista foram aqueles do estado natural, dos direitos inatos e do contrato social.

O *estado natural* é aquele em que teriam vivido os homens antes de se unirem para formar uma sociedade ou, de todo modo, antes que fosse constituída uma autoridade estatal. Esse estado foi pensado por alguns como uma era de felicidade e de paz (Locke, Rousseau), e, por outros, como uma condição de guerra e de insegurança (Hobbes, Spinoza).

Os *direitos inatos* seriam aqueles de que os homens teriam gozado no estado natural e dos quais são titulares, independentemente de qualquer reconhecimento que o Estado lhe dê. Os vários autores concordam em incluir entre tais direitos aqueles relativos à vida e à liberdade, enquanto é controversa a existência de um direito à propriedade e de um direito de resistência ao opressor.

O *contrato social* é aquele que teria ocorrido entre os homens para que saíssem do estado natural. Conforme este último seja concebido como um estado pré-social ou como uma sociedade pré-estatal, o contrato é compreendido como um *pactum unionis* ou como um *pactum subiectionis*. Esses pactos teriam ocorrido posteriormente ou conjuntamente. O contrato originário foi pensado pelos mais antigos autores como um fato histórico, enquanto em seguida viu-se nele apenas um critério ideal para a organização social.

§ 17. O fundador da Escola de direito natural foi o holandês Hugo Grócio (1583-1645), autor de um tratado intitulado *De iure belli ac pacis*, de 1625, em que se delineou a distinção entre direito e teologia. Para Grócio, o direito natural pode ser estabelecido diretamente por meio do raciocínio (*recta illatio ex naturae principiis procedens*) ou indiretamente por meio da observação (a *communis hominum opinio*). Sendo assim, não é necessário usar a teologia para deduzi-lo de princípios transcendentes. O direito natural *ne a Deo quidam mutari potest* e seria válido *etiamsi daremus Deum non esse*.

Grócio vê a causa principal do ordenamento jurídico no *appetitus societatis* do homem, ou seja, no desejo de viver não numa sociedade qualquer, mas numa sociedade tranqüila e ordenada segundo a razão. Por conseguinte, são de direito natural as ações necessárias para promover a sociedade dos homens, e, por outro lado, são contrárias a ele aquelas que perturbam ou dissolvem essa sociedade. Desse princípio derivam, com base na *recta illatio*, as regras fundamentais da vida associada, dentre as quais certamente a mais importante é aquela que impõe que se respeitem os pactos (*stare pactis*).

Ao *ius naturale* ou *necessarium* os homens acrescentaram um *ius voluntarium*, com a criação de uma série de institutos, como a família, a propriedade etc., e, por fim, a organização política. Tudo isso ocorreu por meio de pactos expressos ou tácitos, justamente na aplicação do princípio da obrigatoriedade dos pactos, no qual se funda a autoridade do Estado.

§ 18. Segundo Thomas Hobbes (1588-1679), a natureza humana aparece como sendo governada pelo instinto de conservação, que obriga os homens a ver em cada semelhante um perigo para sua vida e, portanto, a tratá-lo como inimigo (*homo homini lupus*, de onde o *bellum omnium contra omnes*). Nesse estado, o egoísmo e a força constituem a essência do direito natural: "Tenho o direito de agir para a minha conservação nos limites da minha potência física."

O efeito do direito natural assim concebido é ser destruído por si mesmo. Por isso, o egoísmo racional leva o homem a renunciar ao seu egoísmo natural e a buscar paz, concordando em aceitar a disciplina social. Todo homem renuncia, então, ao seu direito natural de defender-se, ou seja, consente em cedê-lo a um homem (ou a uma assembléia), que se torna o soberano, com a condição de que os outros façam o mesmo. O soberano (o Estado) é o único a conservar seus direitos naturais e até a estendê-los ilimitadamente, já que os indivíduos não podem contar com seus direitos naturais e, portanto, só têm deveres e se tornam meros súditos. Desse modo, o poder do Estado é absoluto e tudo se resolve na força natural do soberano.

Motivos materialistas (o direito como força), contratualistas e utilitaristas confluem, assim, no pensamento do filósofo inglês (*Leviathan**, 1651; *De cive*, 1639).

---

* Trad. bras. *Leviatã*, Martins Fontes, São Paulo, em preparação.

§ 19. Para Baruch Spinoza (1632-1677), a lei fundamental da vida também é a conservação do próprio ser (que é racionalidade e matéria ao mesmo tempo), e todo homem possui tanto sua parte de direito quanto de potência: *ius uniscuiusque eousque se extendit, quousque eius determinata potentia*. Para ele também, os homens criam o Estado para sair da vida pré-social, e o criam transferindo mediante um pacto os seus direitos naturais a um soberano. Diferentemente de Hobbes, porém, não se trata de uma alienação real, mas de uma delegação ao soberano, em vista da utilidade que a ação estatal proporcionará aos indivíduos, ação essa que será legítima somente enquanto tal utilidade for obtida, ou seja, enquanto o soberano cumprir suas obrigações. Sendo assim, a criação do Estado não elimina totalmente os direitos subjetivos inatos, nos quais o Estado encontra um limite (*Tractatus theologicus-politicus**, 1670; *Tractatus politicus*, 1677).

§ 20. Para Samuel Pufendorf (1632-1694), o direito natural funda-se no interesse que o homem tem na socialidade. Com efeito, o homem é levado a associar-se pelo instinto social (Grócio), mas esse instinto não passa de uma derivação do interesse que ele tem em associar-se (Hobbes); o egocentrismo faz com que o homem vise sempre à própria vantagem, mas a sua fraqueza faz com que ele só possa obter o que se lhe apresenta como vantajoso com o auxílio dos seus semelhantes. Eis a razão para a necessidade de associar-se.

A lei natural, segundo Pufendorf, deriva de Deus e contém sanções naturais (o remorso etc.). Ela é suficiente para regular as associações mais simples, como a família. No entanto, para governar as associações mais vastas, às quais conduz o *appetitus societatis*, é necessária a criação de um poder que confira à lei natural a força social de que ela não dispõe em si mesma (*De iure naturae et gentium*, 1672).

---

* Trad. bras. *Tratado teológico-político*, Martins Fontes, São Paulo, em preparação.

§ 21. Deve-se a Christian Thomasius (1655-1728) a primeira tentativa de deduzir racionalmente a idéia do direito. Na sua obra intitulada *Institutiones iurisprudentiae divinae*, de 1668, ele de fato deduz *a priori* a socialidade do homem da sua racionalidade. O homem, conforme argumentou Thomasius, é um ser racional, mas a razão só pode ser explicada por meio da linguagem. A linguagem, por sua vez, pressupõe a comunicação entre os homens e, portanto, a sociedade. Em conclusão, a razão do homem só pode ser explicada na sociedade.

Contudo, o mérito de Thomasius foi sobretudo o de ter feito uma nítida distinção entre direito e moral. Ele chegou a essa distinção na sua obra intitulada *Fundamenta iuris naturae et gentium*, de 1705, partindo da tripartição das ações humanas em boas, más e médias: as ações boas são aquelas que tendem a conquistar a paz interna, as ações más são aquelas que perturbam a paz externa, e as ações médias são aquelas que nem perturbam a paz interna, nem promovem a paz externa. A esses três tipos de ações correspondem a moral, a política e o direito. A moral tem por princípio o *honestum*, e por objeto as ações boas; a política tem por princípio o *decorum*, e por objeto as ações médias; o direito tem por princípio o *iustum*, e por objeto as ações que se opõem àquelas más, ou seja, àquelas que perturbam a paz externa.

Evidentemente, a antítese fundamental é colocada entre moral e direito: a primeira dirige-se às intenções, à interioridade da consciência, e cria deveres que não são suscetíveis de coação; já o direito concerne à exterioridade das ações, enquanto suscetíveis de perturbação da paz externa, e cria deveres essencialmente coercíveis. Exterioridade e coercibilidade são os caracteres peculiares das normas de direito.

§ 22. A separação entre direito, moral e religião, na qual se havia trabalhado de Grócio a Thomasius, é, porém, negada por Gottfried Wilhelm Leibniz (1646-1716). Para ele, direito, moral e religião não são três categorias práticas distintas, mas três momentos dialéticos daquela única categoria que é a justiça. Com efeito, os homens podem ser movidos a fazer o bem ou pelo amor por Deus, ou pelo amor pelo próximo, ou pelo respeito pelo Estado. O primeiro grau constitui a *pietas* e tende à perfeição da alma; o segundo constitui a *aequitas* e tende ao bem-estar social; o terceiro constitui o *ius strictum* e tende simplesmente a garantir a tranqüilidade das relações entre os homens. Referindo-se à terminologia aristotélica, Leibniz denomina essas repartições do mundo ético *iurisprudentia universalis, iurisprudentia distributiva* e *iurisprudentia commutativa,* e a elas faz corresponder os três preceitos da jurisprudência romana: *honeste vivere, cuique suum tribuere, neminen laedere.*

O conjunto dos princípios éticos constitui o *ius naturale,* que não provém da vontade de um legislador, ainda que seja o próprio Deus, e *sola ratione sciri potest* (*uti atheus potest esse geometra, ita atheus iureconsultus esse potest*). Do *ius naturale* distingue-se o *ius legitimum* ou positivo, que, porém, nada acrescenta à autoridade e à perfeição que o direito natural possui por si mesmo (*Nova methodus docendae discendaeque iurisprudentiae,* 1667; *Monita quaedam ad S. Pufendorfii Principia,* 1607).

Um seguidor de Leibniz, Christian Wolff (1679-1754), estabeleceu como fundamento da filosofia prática a idéia do aperfeiçoamento, que para o homem é, ao mesmo tempo, um direito e um dever (*Institutiones iuris naturae et gentium,* 1754; *Ius naturale methodo scientifico pertractatum,* em oito volumes, 1740-1748).

§ 23. Para Giambattista Vico (1668-1743), o direito natural corresponde ao *verdadeiro* da filosofia, enquanto o direito positivo corresponde ao *certo* da história. Mas o direito natural, o *verdadeiro,* não é transcendente, e sim se realiza continuamente no *certo,* ou seja, é imanente na história. Às três épocas da "história ideal eterna" (sentido, fantasia, razão), Vico faz corresponder três formas do direito: com efeito, este se apresenta inicialmente como direito divino, ou seja, emanado dos deuses, depois como direito dos heróis, ou seja, imposto com a força, e, por fim, como direito humano, isto é, ditado pela razão (*De universi iuris uno principio*, 1720; *Principii di una scienza intorno alla comune natura delle nazioni*, 1725-30).

§ 24. John Locke (1632-1704), autor de *Two Treatises on Civil Government**, de 1589, contrariamente a Hobbes, concebeu o estado natural como associação pacífica de homens que vivem sob a lei natural, que o Estado, criado pelo contrato, deve respeitar para que não seja violada a liberdade dos indivíduos. Locke foi o primeiro a formular a chamada "teoria da divisão dos poderes" como garantia das liberdades constitucionais.

Para David Hume (1711-1776), é o sentimento, e não a razão, que nos faz aprovar ou desaprovar as ações: sentimento que se baseia na utilidade social dessas ações. Portanto, o critério estóico supremo não é o egoísmo, mas a simpatia, ou seja, aquele ato que nos faz sentir como se fosse nosso o bem alheio. E por essa razão é a simpatia, e não o contrato social, que determinou o surgimento da sociedade e do Estado.

§ 25. Dos iluministas franceses que se ocuparam com a sociedade e com o Estado, devem ser lembrados particularmente Montesquieu e Rousseau.

Charles de Montesquieu (1689-1755) distinguiu os governos em repúblicas, monarquias e tiranias, e exaltou a monarquia liberal inglesa. Retomou de Locke a teoria da divisão dos três poderes do Estado, identificando-os no poder legislativo, no executivo e no judiciário. A propósito deste último, defendeu a subordinação do juiz à lei (o juiz como "bouche de la loi") (*L'esprit des lois***, 1748).

Para Jean-Jacques Rousseau (1712-1778), o estado natural também representa um estado de perfeição, e deve-se à corrupção dos homens se eles o perderam. No entanto, visto que é impossível retornar a ele, deve-se fazer com que os homens, mesmo na comunidade estatal, conservem sua

* Trad. bras. *Dois tratados sobre o governo*, Martins Fontes, São Paulo, 1998.
** Trad. bras. *O espírito das leis*, Martins Fontes, São Paulo, 2ª ed., 1996.

soberania originária. Desse modo, a lei deve ser a expressão da *volonté générale*, que resulta da fusão da vontade dos indivíduos. Esse é o conteúdo do contrato social (*Le contrat social**, 1762).

§ 26. Para Immanuel Kant (1724-1804), o fundamento do direito não deve ser buscado numa realidade externa ao homem, numa suposta ordem natural, como afirmavam os jusnaturalistas, mas na própria racionalidade do homem. O direito não é uma lei externa da natureza, que a razão apreende do exterior, mas uma lei interna da vontade, que a razão estabelece a partir do seu interior: ele provém da exigência da razão de encontrar um modo, segundo o qual a liberdade da vontade possa conciliar-se com as suas manifestações empíricas, que Kant chama de árbitros e que pertencem ao mundo dos fenômenos, e, como estes, interferem segundo as leis da causalidade natural. No mundo dos sentidos, a liberdade de cada homem, em si ilimitada, encontra-se com a mesma liberdade de todos os outros, e ambas se destruiriam reciprocamente se uma lei não tornasse possível sua coexistência. Essa lei é a lei do direito, cujo imperativo é o seguinte: "Age internamente de modo que o livre uso do teu arbítrio possa conciliar-se com a liberdade de todos os outros, segundo uma lei universal." Desse modo, a validade do imperativo jurídico passa a repousar numa exigência da razão, que de simples meio para conhecer o direito natural torna-se, com Kant, a fonte da juridicidade.

Do conceito de direito como liberdade externa, Kant deduz em seguida o da coação como sua garantia necessária; e da coação deduz a necessidade do Estado como órgão que deve realizá-la. Com efeito, ele atribui ao Estado a tarefa única e fundamental de assegurar a tutela do direito mediante a garantia da coação e exclui categoricamente que ele pode intrometer-se nas atividades particulares dos cida-

* Trad. bras. *O contrato social*, Martins Fontes, São Paulo, 3.ª ed., 1996.

dãos, predeterminando finalidades econômicas, éticas ou culturais (concepção do "Estado de direito").

No Estado, todos devem ser, ao mesmo tempo, cidadãos e súditos. Como súditos, devem obedecer às leis, e como cidadãos, devem participar da sua formação. Os poderes públicos são legítimos apenas se, e na medida em que, reconhecem a soberania do povo, do qual os governantes são somente seus representantes. Kant auspicia que mesmo as relações internacionais podem entrar num estado verdadeiramente jurídico, que assegure a liberdade de todos os Estados, limitando a liberdade de cada um, e que conduza finalmente à "paz perpétua", que é o fim providencial da história (*Metaphysische Anfängsgründe der Rechtslehre*, 1797; *Zum ewigen Friede*, 1775).

§ 27. O pensamento de Johann Gottlieb Fichte (1762-1814) marca o ponto de mudança do criticismo kantiano ao idealismo também no que concerne ao problema do direito. Com efeito, enquanto para Kant ainda se trata de uma relação empírica dos arbítrios que interferem mecanicamente no mundo dos fenômenos, relação essa a ser resolvida *a priori* na forma da liberdade, no pensamento de Fichte, toda referência à experiência é eliminada: para Fichte, a contraposição de uma subjetividade alheia à nossa não depende do encontro empírico de ambas, na forma dos arbítrios, no mundo fenomênico, mas é um modo de ser do próprio pensamento. O eu, a partir da consciência que tem de si mesmo como liberdade, deduz a possibilidade de existência de outros sujeitos, aos quais reconhece uma liberdade igual, com a condição de que estes, reciprocamente, reconheçam a dele também. Sendo assim, o direito se torna um modo de ser do próprio pensamento, não construção, mas criação do pensamento e, portanto, precede logicamente a experiência jurídica, de maneira que é possível concebê-lo independentemente do Estado, da sociedade e da lei.

Mas, para Fichte, o direito também se realiza por meio das pessoas físicas, os "eus empíricos": a partir deles, existe a possibilidade de que os direitos originários (de liberdade, de propriedade, de conservação) sejam negados, o que gera a necessidade de o Estado assegurar coativamente a sua observância (*Grundlinien des Naturrechts*, 1797).

Contemporaneamente a Fichte, Friedrich Wilhelm Schelling (1775-1854), numa obra juvenil, também fez com que do dever do homem de ser absolutamente livre descendesse a necessidade de uma lei jurídica, que limitasse empiricamente o querer do indivíduo, para que ele possa coexistir com o querer dos outros (*Neue Deduktion des Naturrechts*, 1797).

§ 28. Para Georg Friedrich Hegel (1770-1831), o direito é um momento dialético do devir do espírito. Ele é justamente o primeiro degrau do desenvolvimento do espírito objetivo, ou seja, do espírito que sai da sua pura subjetividade para manifestar-se na vida social. O espírito objetivo procede dialeticamente por três momentos: no primeiro deles, a vontade se coloca como absolutamente indeterminada, como infinita possibilidade, poder absoluto (*Können*); no segundo momento, a vontade opõe a si mesma um conteúdo determinado, mas não como objeto de uma deliberação já feita, e sim apenas como exigência, dever (*Sollen*); o terceiro momento é o da deliberação, no qual a infinita possibilidade do querer absoluto se determina, escolhendo e se apropriando de um conteúdo particular.

A esses três momentos da dialética da vontade, Hegel faz corresponder respectivamente o direito, a moralidade e o costume (*Sittlichkeit*). O direito é o momento do poder abstrato, da liberdade externa; a moral é o momento do dever abstrato, da liberdade interna. O costume é o momento da eticidade em ato, da liberdade harmonizada, que se realiza na família, na sociedade e no Estado.

Com efeito, o costume é a família. Esta remete ao seu oposto: mais famílias, a sociedade; e à sua união: o Estado. Este, por sua vez, inicialmente se coloca como ordenamento interno, depois se opõe aos outros Estados e entra em relação com eles; por fim, coloca-se como a união dos últimos na história universal, que, por sua vez, desenvolve-se dialeticamente nas várias épocas (*Grundlinien der Philosophie des Rechts*, 1821).

§ 29. À chamada "esquerda hegeliana" relaciona-se o pensamento de Karl Marx, a quem se deve, juntamente com Friedrich Engels, a formulação da doutrina do materialismo histórico. Marx inverteu os termos da dialética hegeliana, afirmando que não a idéia, mas a própria vida na concretude das suas necessidades materiais é o elemento propulsor do devir histórico. As relações de produção e as estruturas econômicas e sociais que se fundamentam sobre elas constituem o elemento condicionador, embora não determinante, da história. Esta é essencialmente uma luta de classe: o direito, a moral, a política, a religião, a arte – numa palavra, as "ideologias" – são apenas reflexos, superestruturas, "epifenômenos" das relações de produção que se estabelecem entre as classes e mudam com a variação delas. O direito, em particular, exprime os interesses da classe dominante, assim como o Estado é simplesmente o "conselho de administração" que gere esses interesses. O direito é sempre um direito classista e, como o Estado, destina-se a desaparecer, pelo menos como aparato coativo, numa sociedade sem classes, como será a sociedade socialista (*Manifest der kommunistischen Partei*, 1848).

§ 30. Herbart e Schopenhauer não compartilharam das sugestões idealistas. Para Johann Friedrich Herbart (1776-1841), o direito deriva a sua razão de ser da necessidade de compor a "contenda" que nasce entre a vontade de dois sujeitos relativamente ao mesmo objeto. Uma vez que a contenda "desagrada", ou seja, que o julgamento feito a respeito dela é de reprovação, as vontades se harmonizam para eliminá-la com um regulamento jurídico. Sendo assim, o direito é sempre positivo, pois surge da decisão arbitrária das vontades consencientes, mas sua validade baseia-se na idéia prática de que a contenda desagrada, ou seja, no julgamento ético que reprova a contenda (*Lehrbuch zur Einleitung in die Philosophie*, 1813).

§ 31. Para Arthur Schopenhauer (1788-1860), justa é toda ação que não renega a vontade alheia para afirmar mais energicamente a própria. A Vontade, que é a essência cega do mundo, pode, com efeito, explicar a sua afirmação num indivíduo tão além, a ponto de negar a encarnação de si própria num outro indivíduo, que, desse modo, passa a ser vítima de uma injustiça. Porém, o autor dessa injustiça não pode não estar consciente de que sua vontade e aquela objetivada na vítima são, no fundo, a mesma coisa, e que, portanto, ele entrou em luta consigo mesmo; isso provoca o sentimento da injustiça cometida e o remorso. Dessa concepção positiva da injustiça como negação da vontade alheia, Schopenhauer deduz a noção negativa do direito, cuja razão de ser reside unicamente na negação do erro (*Die Welt als Wille und Vorstellung*, 1819).

§ 32. Na França, à restauração bourbonística correspondeu uma tendência que, reagindo ao racionalismo e ao contratualismo dos jusnaturalistas, reafirmou o valor da tradição e da história. Essa corrente assumiu, a princípio, um caráter nitidamente absolutista e teocrático com Louis De Bonald (1754-1840), Joseph De Maistre (1753-1821) e Karl Ludwig von Haller (1768-1854), mas adotou em seguida um liberalismo moderado com os chamados "doutrinários", dentre os quais um posto eminente cabe a François Guizot (1787-1874).

Segundo os doutrinários, o poder não se funda nem no querer divino, nem na vontade popular, mas tem sua raiz na história; todo direito repete a sua origem a partir de simples condições de fato, e torna-se realmente direito por meio da história. O mesmo deve-se dizer da liberdade do povo, que, em origem, não passa de um fato e somente na história é que amadurece e torna-se direito, ou seja, verdadeira liberdade.

§ 33. Na primeira metade do século XIX, floresceu na Alemanha a chamada "Escola histórica do direito", cujos representantes mais eminentes foram Gustav Ugo (1764-1844), Friedrich Karl von Savigny (1779-1861) e Georg

Puchta (1798-1846). Segundo esses autores, o direito não pode ser construção *a priori* de um filósofo ou de um legislador, mas é um fato da história. Ele não tem um valor absoluto, mas, por ser um produto da "consciência popular" (*Volksgeist*), transforma-se historicamente em relação com as exigências desta. Isso gera a oposição não apenas a toda idéia de direito natural, mas também a qualquer propósito de codificação.

A Savigny também se pode atribuir a chamada "Escola das pandectas", à qual aderiram Bernhard Windscheid (1817-1892) e, num primeiro momento, também Rudolf Jehring (1818-1892). Segundo esses autores, a tarefa dos juristas era a de dar uma organização conceitual ao direito comum então vigente na Alemanha, individuando os vários institutos jurídicos, estudando-os em seus elementos constitutivos e inserindo-os num sistema harmônico e coerente. Devemse à Escola das pandectas alguns instrumentos conceituais de que ainda se serve a doutrina jurídica, dentre os quais o de negócio jurídico.

Diferente era a situação na França, onde o direito civil havia sido codificado desde 1804 (*Code Napoléon*). Neste país, floresceu a "Escola da exegese", cujos representantes consideraram que a tarefa do jurista era, nada mais, nada menos, do que a de interpretar cada artigo do Código Civil com a mais absoluta fidelidade e aderência às palavras da lei, na qual se reconhecia uma espécie de *ratio scripta*.

§ 34. Na segunda metade do século XIX, verificou-se na Alemanha e na França uma reação contra o excessivo formalismo da Escola das pandectas e a Escola da exegese: seus protagonistas foram, respectivamente, Jehring e Gény.

Rudolf Jehring, mudando a tendência precedente, passou a defender uma concepção teleológica da experiência jurídica. "O objetivo", escreveu ele, "é o criador de todo o direito." Se quisermos compreender o que é de fato o direito, não podemos deixar de considerar, além do seu aspecto formal, o objetivo que, por meio dele, quer-se obter e que é o de garantir os bens que são essenciais à vida da sociedade. Reconduzido à idéia de objetivo, o direito não aparece mais como o produto espontâneo da consciência popular, mas como o resultado da luta travada pelo triunfo de determinados interesses e ideais jurídicos (*Der Zweck im Recht*, 1887; *Der Kampf um's Recht*, 1872).

Ao ensinamento de Jehring unem-se outras correntes antiformalistas alemãs, lideradas pela chamada "Escola teleológica" de Philipp Heck (1858-1943) e pela "jurisprudência dos interesses". A primeira agiu sobretudo no campo do direito privado, e a segunda, no campo do direito público.

Na França, François Gény (1861-1938) acusou de "fetichismo legislativo" a Escola da exegese e reivindicou ao intérprete uma função ativa de criador do direito, com a missão de adaptar este último às exigências mutáveis dos tempos (*Méthode d'interpretation et source en droit privé positif*, 1889). O jurista, quando trabalha pela ciência e não é um mero técnico do direito, não deve limitar-se a estudar o "construído" (o direito vigente), mas deve interpretar este último à luz do "dado", ou seja, dos elementos constitutivos da experiência jurídica, que dependem das situações objetivas não menos do que das tendências evolutivas e das idealidades sociais (*Science et technique en droit privé positif*, 1914-24).

§ 35. O *positivismo* também negou a existência de um critério absoluto de avaliação do justo e do injusto, asseverando que tal critério muda com a mudança das condições objetivas da sociedade. Portanto, não adianta falar de um direito natural, "talvez escrito nas estrelas" (Heinrich von Treitsche, 1834-1896), pois não há outro direito que não seja o positivo, cuja validade repousa na autoridade do Estado, que impõe sua observância por meio da força (Julius von Kirchmann, 1802-1899). Por conseguinte, von Kirchmann negou que a jurisprudência seja uma ciência, observando que "basta uma palavra do legislador para que toda uma biblioteca se torne papel velho".

O estadismo se resolve, em última instância, no utilitarismo, pois o direito encontraria a sua justificação na utilidade obtida por aqueles que o impõem com a força ou que o estabelecem com o consenso. Todavia, tentou-se demonstrar a coincidência do útil individual com o útil coletivo, recorrendo-se a um fundamento psicológico-associacionista (Stuart Mill), ou biológico-naturalista (Spencer), ou ainda sociológico (Ardigò).

Segundo John Stuart Mill (1806-1873), os sentimentos desinteressados também nascem da busca do prazer: vivendo em sociedade, diz ele, adquirimos o hábito de associar a nossa felicidade àquela dos outros e, eliminando o termo médio do nosso prazer, acabamos por desejar a felicidade alheia por si mesma.

Já Herbert Spencer (1820-1903) tentou dar ao utilitarismo um significado biológico, concebendo o direito como o equilíbrio entre as condições do indivíduo e as condições do ambiente. O direito é apenas um episódio da luta pela vida, na qual prevalecem os indivíduos mais aptos. Ora, os indivíduos mais aptos são aqueles que sabem harmonizar os próprios impulsos egoístas com as condições objetivas do ambiente social. A sociabilidade é uma condição de vida para o indivíduo, que sozinho não poderia sobreviver na luta pela existência. Mas a sociedade impõe limites à liberdade de cada um, e o sistema desses limites é justamente aquele que chamamos de direito.

Roberto Ardigò (1828-1920) se propôs a dar um significado sociológico ao utilitarismo. Ele viu no direito a forma específica dos fenômenos sociais, do mesmo modo, por exemplo, que a afinidade é a força específica dos fenômenos químicos. Todavia, além do direito positivo, Ardigò também admitiu um direito natural, mas de conteúdo variável, como conjunto de idealidades sociais, que num certo momento se contrapõem ao direito positivo e tentam inserir-se nele.

§ 36. Contra a tendência positivista, Friedrich Julius Stahl (1802-1861) concebeu o direito como uma exigência divina (*Die Philosophie des Rechts*, 1830); Karl Christian Krause (1781-1832), como idéia divina e humana ao mesmo tempo, que exprime o conjunto das condições realizadas por

Deus e pela humanidade, para que todos os seus membros, organicamente associados, pudessem alcançar seus objetivos racionais (*System der Rechtsphilosophie*, póstumo, 1874); Heinrich Ahrens (1808-1874) divulgou a doutrina de Krause na sua conhecida obra *Cours de droit naturel*, de 1840; por fim, Adolf Trendelenburg (1802-1872) viu no direito a realização de um princípio ético e reagiu vigorosamente contra as teorias que tendiam a separar o direito da moral (*Naturrecht auf dem Grunde der Ethik*, 1860).

Antonio Rosmini (1797-1855) ocupa um lugar à parte. Ele observa que a lei moral, enquanto determina a liceidade de certas ações, deixa ao sujeito uma certa liberdade de ação e proíbe aos outros que lesem essa liberdade. Por conseguinte, o direito passa a ser definido como "a faculdade de realizar aquilo que agrada, protegida pela lei moral que impõe aos outros o respeito" (*Filosofia del diritto*, 1841-43).

§ 37. No âmbito dos conceitos do positivismo, mas sem nenhuma coloração sociológica, movem-se os autores que propugnaram a necessidade de formular uma teoria geral do direito.

Concebendo o termo "geral" em contraposição a "particular", John Austin (1790-1859) sustentou que, paralelamente às jurisprudências particulares de cada povo, deve-se admitir uma jurisprudência geral, que, por meio da análise dos ordenamentos jurídicos das sociedades mais avançadas, descobrisse os elementos comuns que neles costumam ser encontrados. Austin chamou tal disciplina de "jurisprudência analítica" (*The Province of Jurisprudence Determined*, 1832).

Em contrapartida, considerando o termo "geral" como contraposto a "especial", Adolf Merkel (1836-1896) concebeu uma disciplina que enucleasse os conceitos comuns aos vários ramos de um ordenamento jurídico (direito civil, penal etc.) e a chamou, num primeiro momento, de "enciclopédia do direito" e, em seguida, de "teoria geral do direito", como ainda hoje é denominada. Na mesma direção e sempre num horizonte rigorosamente positivista, moveram-se Karl Bergbohm (1849-1927) e Ernst Bierling (1841-1919).

Um aprofundamento ulterior dessa temática deve-se a Norberto Bobbio (1909), segundo o qual as normas jurídicas podem ser consideradas na sua estrutura ou no seu conteúdo. A tarefa específica da teoria geral do direito é o estudo formal da estrutura da norma, independentemente dos seus conteúdos, que, por sua vez, são objeto das disciplinas jurídicas particulares (*Studi sulla teoria generale del diritto*, 1955).

§ 38. Friedrich Nietzsche (1844-1900) merece um lugar à parte. Segundo ele, a humanidade compreende uma minoria de indivíduos física e intelectualmente superiores à massa dos fracos, que os primeiros têm o direito de dominar e aniquilar, mas que se rebelam, tentando deter os mais fortes, opondo ao seu direito os ideais da fraternidade e da igualdade.

§ 39. Estreitamente ligada à temática positivista, especialmente de cunho comtista, é a "Escola sociológica do direito", cujos representantes mais insignes retomaremos em seguida.

Eugen Ehrlich (1862-1922) observou que instituições como o matrimônio, a família, o contrato e a sucessão surgiram espontaneamente na sociedade e já existiam antes que o legislador interviesse para regularizá-las. Hoje também surgem novas relações, novos interesses entram em desacordo, e somente mais tarde move-se a máquina legislativa. A tarefa do jurista é a de estudar esse "direito vivo" (*lebendes Recht*), produto espontâneo e irrefletido da sociedade (*Grundlegung der Soziologie des Rechts*, 1913). Ehrlich atribui grande importância ao trabalho do juiz, defendendo a função criativa da jurisprudência quando se trata de enfrentar situações novas, não previstas pelo legislador (*Juristische Logik*, 1915).

Léon Duguit (1859-1928) asseverou que a tarefa dos legisladores não é a de "criar", mas a de "constatar" aquele "direito objetivo", que existe independentemente da sua vontade e que é constituído por aquele conjunto de regras que a sociedade impõe ao indivíduo enquanto necessárias para a realização da solidariedade social, e cuja objetividade também deve ser imposta ao Estado (*L'État, le droit objectif et la loi positive,* 1901; *Le droit social, le droit individuel et la transformation de l'État,* 1903).

Georgij Gurvitch (1894-1965) também afirmou que o direito é produto espontâneo da vida social e que a intervenção do Estado se reduz a um "procedimento técnico de constatação" de um direito já constituído (*Éléments de sociologie juridique,* 1940).

§ 40. Motivos sociológicos são encontrados na "teoria da instituição", liderada por Maurice Hauriou (1856-1929) e Santi Romano (1875-1947). Segundo a teoria institucionalista, o direito não é um sistema de normas, mas de entes, de cujas relações provém a norma. Por conseguinte, o direito é o mero produto natural de toda organização. Para Hauriou, tal organização só pode ser hierárquica e autoritária (*Théorie de l'institution,* 1925), enquanto para Romano ela também pode ser paritária (*L'ordinamento giuridico,* 1918).

§ 41. O retorno a posições kantianas foi propugnado na Alemanha por Stammler e, na Itália, por Del Vecchio.

Rudolf Stammler (1856-1938) negou que o conceito de direito pudesse ser deduzido da experiência, extraindo-o dos dados jurídicos, pois, se já não se possuísse o critério da "juridicidade", não seria possível diferenciar esses dados da totalidade da experiência.

Stammler faz uma distinção entre conceito e "idéia" (-ideal) do direito, ambos derivados da categoria teleológica (relação entre meio e fim). O conceito do direito é o querer enquanto meio para um fim, ou seja, o querer que faz da vontade alheia um meio para obter o próprio fim; a idéia do direito é o querer que reduz à união, harmonizando todos os fins a que ele, por ser livre, pode se propor. Desse modo, chega-se a uma "comunidade de homens que querem livremente", e que é o objetivo a que tende o direito positivo (*Lehrbuch der Rechtsphilosophie,* 1922).

§ 42. Giorgio Del Vecchio (1878-1970) também se inspira em Kant. Ele também distingue o conceito formal do direito do conceito substancial da justiça.

Quanto ao primeiro, observa que, dado um princípio ético, ou seja, um princípio da realização, as ações humanas que ele considera podem ser avaliadas de dois modos: como morais ou como jurídicas. Se as ações de um sujeito se confrontam com as outras que esse sujeito pode cumprir, uma delas será prescrita conforme ao princípio ético, e as outras serão excluídas para não serem compatíveis com a primeira: essa é a forma de avaliação moral. No entanto, se a ação de um sujeito se compara com as ações de outro sujeito, a ela se contrapõe não mais a omissão (por parte do mesmo sujeito), mas o impedimento (por parte dos outros). Então, não se trata mais da coordenação das ações de um sujeito com base num princípio, que torna uma obrigatória e proíbe as outras, mas da coordenação das ações possíveis de mais sujeitos com base num princípio que torna algumas possíveis e impede as outras. Essa é justamente a essência da avaliação jurídica (*I presupposti filosofici della nozione di diritto*, 1905; *Il concetto di diritto*, 1912; *Il concetto di natura e il principio del diritto*, 1922).

Por fim, a idéia reguladora da justiça é vista por Del Vecchio como o reconhecimento da igual dignidade de pessoa ("fim em si") em cada homem como tal (*La giustizia*, 1922)[1].

---

1. Inspirando-se na distinção kantiana entre imperativos categóricos e imperativos hipotéticos, Adolfo Ravà (1879-1957) afirmou que os preceitos jurídicos são normas técnicas e não éticas, ou seja, indicam uma conduta não como boa em si mesma, absolutamente, mas como idônea para que se alcance um determinado objetivo como meio para um fim (não mates se não quiseres ser punido) (*Il diritto come norma tecnica*, 1911).

Seguidor da filosofia dos valores, Alfredo Bartolomei (1874-1954) afirmou que a filosofia do direito tem a missão exclusiva de avaliar a experiência jurídica mediante o critério da justiça, cujos elementos essenciais são a liberdade e a igualdade, que derivam da afirmação em todos os seres humanos da dignidade de pessoa (*Lezioni di filosofia del diritto*, 1917).

No âmbito da filosofia da cultura, Gustav Radbruch (1878-1949) afirma que o direito é um fenômeno cultural, que extrai seu significado da sua referência ao valor da justiça, quer esse valor se realize ou não. Ser "uma realidade referida a um valor" faz do direito um fenômeno cultural (*Rechtsphilosophie*, 1914).

§ 43. Enquanto para o neokantismo o problema especulativo do direito era aquele de determinar sua forma lógica, para o neo-idealismo, é o de buscar sua origem espiritual. O primeiro se pergunta: o que é o direito? O segundo: por que é o direito? Pode este último considerar-se uma forma autônoma do Espírito? A essa pergunta responderam negativamente tanto Croce quanto Gentile.

Benedetto Croce (1866-1952) exclui que entre a atividade econômica do espírito, que é volição do útil individual, e a atividade ética, que é volição do bem universal, possa existir uma terceira forma do querer, que seria a atividade jurídica. Esta, por conseguinte, deve ser reconduzida a uma das duas atividades existentes. Ora, não podendo resolver-se na atividade ética, porque muitas vezes – embora não necessariamente – o direito entra em conflito com a moral, é necessário reconduzi-la ao momento econômico do espírito: na verdade, toda relação de juridicidade exprime-se fundamentalmente na relação entre dois sujeitos, que nasce e se instaura como relação de utilidade recíproca. Em outras palavras, para Croce, a forma da juridicidade é o contrato, que é reconduzível, porque decomponível, às duas utilidades das quais ele nasce. O direito é apenas a troca dessas utilidades, dessas duas atividades econômicas: portanto, é reconduzível sem resíduos à atividade econômica (*Riduzione della filosofia del diritto alla filosofia dell'economia*, 1907; *Filosofia della pratica*, 1908).

§ 44. Ao contrário de Croce, Giovanni Gentile (1875-1944) reduz o direito à moral. Para Gentile, o querer em ato (ética em sentido vasto) é a síntese do querer como querente (ética em sentido restrito, moral) e do querer como quisto (direito): o direito identifica-se com o querer já quisto, enquanto a moral é o querer em ato, no seu incessante devir. O direito é apenas a moral cristalizada num momento particular, tornada estática numa norma abstrata e rígida, que é justamente a norma jurídica. É claro que, nesse sentido, o direito não é algo de qualitativamente diferente da moral, mas é um "momento" dela, é a própria moral, colhida num momento já passado (*Fondamenti della filosofia del diritto*, 1916)[2].

§ 45. O propósito de Hans Kelsen (1881-1973) foi o de construir uma "teoria pura" do direito, que dispensasse um conteúdo, ideológico ou político, da experiência jurídica; sua teoria pretende ser uma teoria do direito como tal, ou seja, do direito válido, e não uma teoria do direito justo, nem do direito eficaz, isto é, que de fato é observado por uma certa comunidade: para tal fim, Kelsen parte da constatação de que o direito é norma, ou seja, regra da ação. A norma jurídica distingue-se daquela moral porque, enquanto esta última se apresenta como um imperativo categórico, a primeira nada mais é do que um imperativo hipotético. Com efeito, a forma da lei jurídica é a seguinte: "Se for A, deverá ser B" ("se matares, deverás ser punido"). Nas normas jurídicas, o evento condicionado é constituído pela sanção. O direito se reconduz, assim, a uma técnica social, mediante a qual, com a representação de um mal ameaçado no caso de um determinado comportamento (a pena, a execução forçada etc.), obtém-se o resultado de induzir os homens a evitarem esse comportamento.

---

2. Outros filósofos, mesmo inspirando-se no neo-idealismo, rejeitaram a redução do direito à moral ou à economia e reivindicaram sua autonomia.

Assim, Igino Petrone (1870-1913) sustentou que o *ego* e o *alter* são apenas abstrações, visto que o eu só toma consciência de si na sua relação com os outros. Portanto, a realidade concreta é constituída pela consciência que o eu tem no outro, ou seja, na unificação dos dois termos no *socius*. Desse modo, a socialidade, da qual deriva o direito, é o grau mais elevado do desenvolvimento do espírito (*Il diritto nel mondo dello Spirito*, 1910).

Paralelamente à moral (que é volição do universal) e à economia (que é volição do particular), Widar Cesarini Sforza (1886-1965) introduziu uma terceira categoria prática, concebida como independente de uma e de outra: tal categoria é representada pelo direito, concebido como "volição por classe de ações" (*Filosofia del diritto*, 1937).

Felice Battaglia (1902-1977) chegou a inverter as posições reducionistas, afirmando, na esteira de Petrone, que, ao se relacionarem, os sujeitos se limitam reciprocamente e se reconhecem como pessoas: nesse reconhecimento consiste a juridicidade, que é o único momento concreto da atividade prática, é a síntese de economicidade e de eticidade, que, consideradas isoladamente, são ambas abstrações (*Diritto e filosofia della pratica*, 1932).

Para Kelsen, uma norma é válida se tiver sido produzida em conformidade com outra norma de grau superior: sendo assim, de degrau em degrau (o ordenamento jurídico é uma "construção em degraus", *Stufenbau*), chega-se a uma "norma fundamental" (*Grundnorm*), sobre a qual não existe outra e que, por sua vez, é válida se for eficaz, ou seja, se o comportamento dos homens, aos quais o ordenamento se refere, se adequar, até um certo grau, às normas desse ordenamento.

Para Kelsen, o ordenamento jurídico se resolve no conjunto das normas que o compõem. Ele se apresenta como um conjunto de normas, e não como um conjunto de entes. O sujeito do direito é apenas o "centro de imputação" das normas que lhe dizem respeito, e o próprio Estado é simplesmente o "centro de imputação" de todo o ordenamento jurídico (*Rechtslehre*, 1934 e 1960; *General Theory of Law and State*, 1945).

§ 46. Em posições diametralmente opostas, colocamse os defensores do chamado *realismo jurídico*, ao qual se relacionam os juristas da Escola realista norte-americana (Oliver W. Holmes, Karl N. Llewellyn, Jerom Frank, Benjamin Cardozo, Roscou Pound) e os da Escola realista escandinava (Axel Hägerström, Wilhelm Lundstedt, Karl Olivecrona). A proposta comum desses autores é a de identificar o direito válido com o direito eficaz. Para identificar o direito válido, eles não levam em consideração as normas, mas os comportamentos e, entre estes, julgam particularmente qualificantes o dos juízes, ou seja, dos sujeitos aos quais se confia a missão de aplicar a sanção. Como resultado, tem-se uma norma que é válida na medida em que os juízes se atêm a ela nas suas decisões. O mais ilustre representante dessa tendência é o dinamarquês Alf Ross (1899-1979), cuja obra *On Law and Justice* (1958) constitui o compêndio dessa orientação de pensamento.

§ 47. Uma espécie de mediação entre normativismo e realismo jurídico foi tentada por Herbert Hart (1907-1992).

Segundo Hart, o ordenamento jurídico consta de dois tipos de normas: as de conduta, que impõem deveres, e as de competência, que atribuem poderes. A validade de um ordenamento baseia-se no que ele chama de "norma de reconhecimento", que permite "reconhecer" se uma determinada norma pertence a um certo ordenamento jurídico. A validade de um ordenamento pode ser considerada do ponto de vista *interno* daqueles que aceitam as normas como modelo do seu comportamento, e do ponto de vista *externo* do observador que, com base nas regularidades observadas e nas reações hostis aos desvios do modelo habitual de comportamento, chega à conclusão de que tal comportamento é sentido pelo grupo como obrigatório. Desse modo, na norma de reconhecimento, a validade e a verificabilidade coincidem, uma vez que ela surge, ao mesmo tempo, como fonte de validade do ordenamento jurídico (do ponto de vista interno) e como fonte de verificação de certos comportamentos sociais (do ponto de vista externo) (*The Concept of Law*, 1961).

§ 48. Quanto ao problema da *justiça*, tanto Kelsen quanto Ross concordam ao afirmar seu significado puramente emocional. Para Kelsen, a ciência nunca poderá nos dizer o que é justo ou injusto, e o suposto direito natural não passa de um "auto-engano ou uma ideologia, o que é a mesma coisa" (*What is Justice*, 1960). Para Ross, a ideologia da justiça também não passa de um comportamento militante de tipo emocional, por isso, "invocar a justiça é como dar socos na mesa" (*On Law and Justice**, cit.).

Um exame analítico da noção de justiça é desenvolvido por Chaïm Perelman (1912-1984), para quem ela consiste no princípio prático, segundo o qual "os seres de uma mesma categoria essencial devem ser tratados do mesmo modo". Todavia, trata-se de um princípio absolutamente formal, que não nos diz quando dois seres fazem parte da mesma cate-

---

* Trad. bras. *O que é justiça?*, Martins Fontes, São Paulo, 3ª ed., 1991.

goria essencial, nem como qual tratamento deve-lhes ser reservado (*Justice et raison*, 1963).

Para John Rawls (1921-2002), a eqüidade (*fairness*) exige que para situações iguais seja reservado um tratamento igual, mas, diferentemente de Perelman, Rawls considera que seja possível dar a essa fórmula um conteúdo concreto. Para tanto, ele recorre a um experimento mental: segundo ele, se os membros de uma sociedade se encontram numa posição originária, caracterizada por um "véu de ignorância", ou seja, ignorando o lugar que lhes caberá na futura estrutura social, seja em dependência de qualidades pessoais, seja em dependência da posição de classe de cada um, eles concordarão num ponto: que desigualdades sociais e econômicas podem ser aceitas somente se forem destinadas à maior vantagem dos menos favorecidos (*A Theory of Justice**, 1971).

Uma orientação moderadamente jusnaturalista é o que mostra Ronald Myles Dworkin (1931), segundo o qual o direito não é feito somente de normas, mas também de princípios, aos quais o juiz recorre quando se trata de decidir os casos difíceis (*hard cases*), que não podem ser reconduzidos sem uma certa solicitação do texto a uma norma existente que os regule. Trata-se sempre de princípios de direito, estabelecidos para garantir interesses individuais ou de grupo, e não meras tendências políticas (*Taking Rights Seriously*, 1977).

§ 49. Para Miguel Reale (1910), o direito é um fenômeno cultural: fato, valor e norma são as três dimensões essenciais da experiência jurídica, já que ela sempre se concretiza numa experiência espaciotemporal, que realiza um valor em conformidade com uma norma. Cada um desses três elementos pode ser observado tanto de um ponto de vista científico quanto de um ponto de vista filosófico. No plano científico, o fato é objeto de estudo por parte da etnologia, da sociologia e da história do direito; a norma, por

---

* Trad. bras. *Uma teoria da justiça*, Martins Fontes, São Paulo, 2ª ed., 2002.

parte da teoria geral do direito e da jurisprudência; o valor, por parte da política do direito. No plano filosófico, o estudo do fato é objeto da "culturologia jurídica" (a filosofia da história), o estudo da norma é objeto da epistemologia jurídica, e o estudo do valor é objeto da deontologia jurídica. Reale insiste sobretudo na correlação que une esses três aspectos da experiência jurídica, de cuja integração provém o autêntico significado de uma norma (*Teoria tridimensional do direito*, 1968; *O direito como experiência*, 1968; *Fontes e métodos do direito*, 1994).

Índice dos nomes e dos assuntos

* Neste índice não estão incluídos nomes e assuntos do apêndice. (N. do E.)